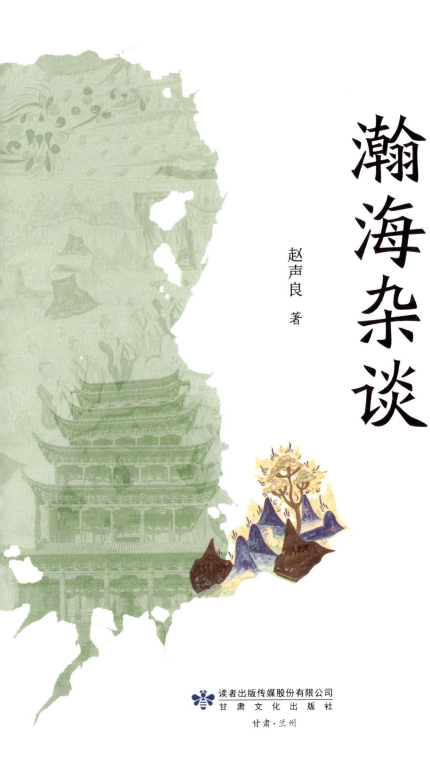

雅学堂丛书·刘进宝 主编

第二辑

瀚海杂谈

赵声良 著

读者出版传媒股份有限公司
甘肃文化出版社

甘肃·兰州

图书在版编目（CIP）数据

瀚海杂谈 / 赵声良著. -- 兰州：甘肃文化出版社，
2024.6
　　（雅学堂丛书 / 刘进宝主编. 第二辑）
　　ISBN 978-7-5490-2982-2

　Ⅰ. ①瀚… Ⅱ. ①赵… Ⅲ. ①敦煌学－文集 Ⅳ.
①K870.6-53

　　中国国家版本馆CIP数据核字(2024)第107304号

瀚海杂谈
HANHAI ZATAN

赵声良 | 著

策　　　划 | 郧军涛　周乾隆　贾　莉
项 目 负 责 | 鲁小娜
责 任 编 辑 | 鲁小娜
装 帧 设 计 | 石　璞

出 版 发 行 | 甘肃文化出版社
网　　　址 | http://www.gswenhua.cn
投 稿 邮 箱 | gswenhuapress@163.com
地　　　址 | 兰州市城关区曹家巷1号 | 730030(邮编)

营 销 中 心 | 贾　莉　　王　俊
电　　　话 | 0931-2131306

印　　　刷 | 兰州新华印刷厂
开　　　本 | 880毫米×1230毫米　1/32
字　　　数 | 211千
印　　　张 | 9.75
印　　　数 | 1~5000册
版　　　次 | 2024年6月第1版
印　　　次 | 2024年6月第1次
书　　　号 | ISBN 978-7-5490-2982-2
定　　　价 | 88.00元

学术的传承与人格的养成（代序）

甘肃文化出版社2023年7月出版的"雅学堂丛书"共10本，即方志远《坐井观天》、王子今《天马来：早期丝路交通》、孙继民《邯郸学步辑存》、王学典《当代中国学术走向观察》、荣新江《三升斋三笔》、刘进宝《从陇上到吴越》、卜宪群《悦己集》、李红岩《史学的光与影》、鲁西奇《拾草》、林文勋《东陆琐谈》。由于这套丛书兼具学术性、知识性和可读性，从而得到了学界和社会的认可。2023年7月27日，在济南举办的第31届全国图书博览会上，读者出版传媒股份有限公司举行了"雅学堂丛书"新书首发暨主题分享会。全套丛书入选"2023甘版年度好书"；丛书之一的《当代中国学术走向观察》入选2023年9月《中华读书报》月度好书榜，并被评为"2023年15种学术·新知好书"。《光明日报》《中华读书报》《中国新闻出版广电报》《中国出版传媒商报》《甘肃日报》等，都发表了书评或报道，认为"雅学堂丛书""直面一个时代的历史之思"，被誉为"系统呈现了一代学人的学术精神"，"真实反映了一代学人把个人前途与国家命运紧密联系在一起严谨治学的点滴，诠释了一代学人的使命与担当"。"雅学堂丛书""既是视角新颖的学术史，也是深刻生动的思想史，更是一代学人的心灵史"。"丛书坚持'大家小书'的基本思路，将我国人文社科领域学术大家的学术史、思想史、学术交流史及其最新成果，以学术随笔形式向大众传播，让大众了解学界大家的所思、所想、所悟。"

一

鉴于"雅学堂丛书"出版后的社会影响，以及在学术界引起的关注，出版社希望能够继续编辑出版第二辑。经过仔细考虑和筛选，我们又选了十家，即樊锦诗《敦煌石窟守护杂记》、史金波《杖朝拾穗集》、刘梦溪《东塾近思录》、郑欣淼《故宫缘》、陈锋《珞珈山下》、范金民《史林余纪》、霍巍《考古拾贝》、常建华《史学鸿泥》、赵声良《瀚海杂谈》、李锦绣《半枰小草》。这些作者都是有影响的人物，他们的研究成果分别代表了各自领域学术研究的前沿。

在考虑第二辑作者的人选时，我想既要与第一辑有衔接，又要有不同。在反映一个时代的学术走向时，还要看到学术的传承，乃至人格的养成。

已经出版的"雅学堂丛书"10位作者是以"新三级"学人为主，而"新三级"学人在进入学术场域的20世纪70年代末80年代初，随着"科学的春天"到来，大学及研究生招生和教学逐渐走上正轨，加上学位制度的实施，到处洋溢着积极向上的氛围。我们的老师中既有20世纪初出生的老先生，也有 30 年代出生的中年教师。

老一代学者，由于从小就受到比较严格的家学熏陶或私塾教育，在民国时期完成了系统的学业，他们都有比较宽广的视野，学术基础扎实，格局比较大，因此在学术方法、理念和格局上，无意中承传了一个良好传统。"新三级"学子与他们相处，可以得到学识、做人、敬业各方面的影响。尤其是跟随他们读书的研究生，直接上承民国学术，站在了巨人的肩膀上。

为了反映学术的传承，我特别邀请了樊锦诗、史金波、刘梦溪、郑欣淼 4 位 80 岁左右的学人。他们的研究各具特色，樊锦诗先生的敦煌石窟保护与研究、史金波先生的西夏历史文化研究、刘梦溪先生以学术史和思想史为重点的文史之学、郑欣淼先生的故宫学研究，都代表了各自领域学术研究的前沿。

由于有了第一辑出版后的社会影响，第二辑约稿时，就得到了各位作者的积极响应，很快完成了第二辑的组稿编辑。

二

樊锦诗先生的《敦煌石窟守护杂记》收录了作者有关敦煌文化的价值、敦煌石窟保护研究的历程，敦煌石窟的保护、管理与开放和向前贤学习的文章 26 篇。作者写道："此生命定，我就是个莫高窟的守护人，故此我把这本书称为《敦煌石窟守护杂记》。希望本书能为后续文化遗产保护、研究、弘扬和管理事业起到一点参考的作用。"

刘梦溪先生的《东塾近思录》，按类型和题意，收入了4组文章：一、经学和中国文化通论；二、魏晋、唐宋、清及五四各时期的一些专题；三、对王国维、陈寅恪、马一浮的个案探讨；四、序跋之属。刘梦溪先生说："'雅学堂丛书'已出各家，著者都是时贤名素，今厕身其间，虽不敢称雅，亦有荣焉。"

郑欣淼先生是"故宫学"的倡导者，他曾任故宫博物院院长，并于2003年首倡"故宫学"。到2023年编辑本书时，恰好是整整20年。郑先生提出："故宫学是以故宫及其历史文化内涵为研究对象，集保护、整理、研究与展示为一体的综合性学问和开拓性学科。故宫学的提出有其丰厚而坚实的基础与依据。它的研究对象不仅丰富深邃，而且研究对象之间存在着不可分割的紧密关系，即故宫是一个文化整体，或者说故宫遗产的价值是完整的。正是基于对故宫是个文化整体的认识，故宫学的学术概念才有了更为丰富、厚重与特殊的内涵。这也是故宫学的要义。"又说："我与故宫有缘。因此我把这本小书起名为《故宫缘》。"

热爱考古的霍巍先生说："就像一个大山里来的孩子初见大海，充满了蔚蓝色的梦想，却始终感觉到她深不可测，难以潜入。更多的时候，只能伫立在海边听涛观海、岸边拾贝。——正因为如此，这本小书我取名为《考古拾贝》，这一方面源自我在早年曾读到过一本很深沉、很有美感的著作，叫作《艺海拾贝》，这或许给了我一个隐寓和暗示。另一方面，倒也十分妥帖——我写下的这些文字，时间跨度前后延续了几十年，就如同我在考古这瀚海边上拾起的一串串海贝一样，虽然说不上贵重，但自认为透过这些海贝，也能折射出几缕大海的色彩与光芒，让人对考古的世界浮想联翩。"

常建华先生说："我从事历史普及读物的写作，出版过《中国古代岁时节日》《中国古代女性婚姻家庭》《清朝大历史》《乾隆事典》等书。本书的首篇文章就是谈论如何认识普及历史知识的问题。我写过一些学术短文，知道此类文字写得深入浅出不易，引人入胜更难，自己不过是不断练笔，熟能生巧而已。""我的短文随笔成集，这是首次……内容多为学术信息类的书评，也有书序、笔谈、综述、时评等，题材不同，但尽量写得雅俗共赏，吸引读者。"

赵声良先生1984年大学毕业后志愿到莫高窟研究敦煌，他说："我在敦煌工作了40年，我的工作、我的生活都与敦煌石窟、敦煌艺术、敦煌学完全联系在一起了，不论是写文章还是聊天，总免不了要说敦煌，可以说'三句话不离敦煌'。"他刚到敦煌时就想写一本有关敦煌山水画史的著作，没想到30多年后的2022年，才在中华书局出版了《敦煌山水画史》。他感叹道：这本书的写作过程，"似乎也见证了：由'看山是山，看水是水'，发展到'看山不是山，看水不是水'，最后，又终于回归到'看山还是山，看水还是水'的历程。我在敦煌的40年的历程又何尝不是这样"。

"雅学堂丛书"第二辑的10位作者，年龄最大的樊锦诗先生，出生于1938年，已经是86岁的高龄；最小的李锦绣先生，出生于1965年，也接近60岁了。虽然他们已经或即将退休，但都以"时不我待"的紧迫感，仍然奋斗在学术前沿，展现了这一代学人的使命与担当。这代学人遭遇了学术上的重大转变，即20世纪80年代，是一个思想的时代。90年代初，思想淡出、学术凸显，王国维、罗振玉和傅斯年派学人、胡适派学人成为学界关注的重点，然后又提出有思想的学术与有学术的思想，还遇到了令史学界阵痛的"史学危机"。这些作者，经历了现代学术发展或转型的重要节点和机遇，既是"科学的春天"到来的学术勃兴、发展、转型和困顿的亲历者、见证者，又是身处学术一线的创造者、建设者。可以说，他们既在经历历史，又在见证历史、创造历史，还在研究历史，将经历者、创造者和研究者集于一身。这种学术现象，本身就值得我们思考和探讨。

三

从"雅学堂丛书"第二辑的内容可知，20世纪80年代初，伴随着"科学的春天"和改革开放的到来，束缚人的一些制度、规章被打破，新的或更加规范的制度、规章还没有建立。尤其是国家将知识分子从"臭老九"中解放出来，成为工人阶级的一部分。要"向科学技术进军"，实现四个现代化，就要充分发挥知识分子的作用。虽然当时经济落后，生活待遇不好，但老教授的社会地位高，有精气神，当时行政的力量还不强化，甚至强调就是服务。在这种背景下，20世纪初出生的老教授，在高校有崇高的地位。如武汉大学1977级的陈锋，1981年初预选的本科论文是《三藩之乱与清初财政》。历史系清史方面最著名的老师是彭雨新教授，陈锋想让彭先生指导论文，"不巧的是，在我之前已有两位同学选定彭先生做指导老师，据说，限于名额，彭先生已不可能再指导他人"。

陈锋经过准备后，就直接到彭先生府上请教。此前他还没有见过彭先生，到了彭先生家，"彭先生虽然很和蔼地接待我，但并没有像后来那样让我进他的书房，而是直接在不大的客厅里落座。我没有说多余的其他话，直接从当时很流行的军用黄色挎包里掏出一摞卡片，说我想写《三藩之乱与清初财政》的毕业论文，这些卡片可以说明什么问题，那些卡片可以说明什么问题，我自己一直讲，彭先生并不插话。待我讲完后，彭先生问：'这个题目和这篇论文是谁指导的？'我说没有人指导，是自己摸索的。彭先生说：'没有人指导，那我来指导你的毕业论文怎么样？'我说：'就是想让先生指导，听说您已经指导了两位同学，不敢直接提出。'彭先生说：'没有关系，就由我来指导。'再没有其他的话"。

"拜访彭先生后的第三天，系里主管学生工作的刘秀庭副书记找我谈话，问我想不想留校，我说没有考虑过，想去北京的《光明日报》或其他报社。刘书记说：'彭先生提出让你留校当他的助手，你认真考虑一下。'经过两天的考虑以及家人的意见，觉得有这么好的老师指导，留校从事历史研究也是不错的选择，于是决定留校工作"。"老师与学生之间这种基于学术的关系，对学生向学的厚爱，让我铭感终身。那时人际关系的单纯，也至今让我感叹，现在说来，似乎有点天方夜谭"。

南京大学 1979 级的范金民，1983 年毕业时报考了洪焕椿先生的研究生。由于此前范金民还没有见过洪先生，也与他无任何联系，所以 5 月 3 日下午，是"吕作燮老师带我到达先生家"面试的。洪焕椿先生既未上过一天大学，当时又已是胃癌晚期。"如果按现在只看文凭和出身的做法，是不可能指导研究生的，又重病在身，不可能按现在的要求，在固定的时间和固定的地点上固定的课程。但先生指导研究生，一板一眼，自有一套，考题自出，面试自问，课程亲自指导，决不委诸他人。一年一个研究生，每人一本笔记本，记录相关内容。先生虽不上课，但师生常常见面，虽未定规，但学生大体上两周一次到他家请益，先生释疑解惑，随时解决问题。需查检的内容，下次再去，先生已做好准备，答案在矣。"

笔者也是 1979 级的甘肃师范大学学生，1983 年毕业前夕，敦煌学方兴未艾，西北师范学院（甘肃师范大学 1981 年恢复原校名西北师范学院）成立了敦煌学研究所，我非常幸运地被留在新成立的敦煌学研究所。1985 年我报考了金宝祥先生的研究生，当初试成绩过线后，有一天历史系副主任许孝德老师通知，让我去金先生家面试。由于金先生给我们上过课，平时也曾到先生家问学，先生对我有一定的了解。当我到金先生家时，先生已在一张信纸上写了半页字的评语，让我看看是否可以。我说没有问题，先生就让我将半页纸的复试意见送到研究生科，我就这样被录取为硕士研究生了。这种情况正如陈锋老师所说，在今天根本是不可能的，简直就是天方夜谭。

"雅学堂丛书"的宗旨是学术性、知识性、可读性并具。要求提供可靠的知识，如我们读书时曾听到过学界的传言，即在"批林批孔"时，毛泽东主席说小冯（冯天瑜）总比大冯（冯友兰）强，但不知真伪，更不知道出处。陈锋的书中则有明确的记述："当时盛传毛泽东主席的指示'小冯比老冯写得好'。据后来出版的正式文献，当年毛泽东主席指示原文为：'要批孔。有些人不知孔的情况，可以读冯友兰的《论孔丘》，冯天瑜的《孔丘教育思想批判》，冯天瑜的比冯友兰的好。'""我对当时冯先生在而立之年就写出《孔丘教育思想批判》（人民出版社1975年出版），感到好奇；对毛主席很快看到此书，并作出指示，更感到好奇。"

范金民老师笔下的魏良弢先生，不仅对学术之事非常认真，还活灵活现地展现了20世纪90年代中期的学术生态。"20世纪90年代中期，我们明清史方向有位硕士生论文答辩，我请他主持。临答辩时，他突然把我叫到过道对门的元史研究室，手指论文，大发雷霆道：'你看看，你看看，什么东西，你们明清史是有点名气的，可照这样下去，是要完蛋的！'我一看，原来是硕士学位论文中有几处空缺。当时论文都是交外面的誊印社用老式中文打字机打印，有些冷僻字无法打印，只能手书填补。我曾审读过某名校的博士学位论文，主题词郑鄤之'鄤'，正文中几乎全是空缺，我好像还是给了'良'的等级。答辩时，我结合论文批评了那位学生做事不求尽善尽美而是草率粗放，而且论文新意殊少，价值不大，学生居然感觉委屈，睪在那里不愿出场回答问题。本科生、研究生批评不得，至迟从那个时候就开始了，世风日下，遑论现在！"

这样知识性、可读性兼具的文字在各位作者的论著中比比皆是，自然能得到大家的喜爱。

"雅学堂丛书"的作者都是一时之选，各书所收文章兼具学术性、知识性和可读性，可谓雅俗共赏。希望第二辑的出版不辜负读者的期待。这样的话，可能还有第三辑、第四辑，乃至更多辑。

最后，感谢各位作者的信任，将他们的大著纳入"雅学堂丛书"；感谢具有出版魄力、眼光的郧军涛社长的积极筹划，感谢周乾隆、鲁小娜率领的编辑团队敬业、认真而热情的负责精神，既改正了书中的失误，还以这样精美的版式呈现给读者。

刘进宝

2024 年 4 月 24 日初稿

2024 年 5 月 9 日修改

敦煌之缘

咬文嚼字

读书、编书、写书

敦煌之缘

敦煌艺术与中国现代美术

    一个时代艺术的变革，必然伴随着思想认识的变革。当五四新文化运动风起云涌之时，中国画坛也在酝酿着一场重大的变革。这期间，如何看待中国传统绘画，是许多画家及非画家的文化人极为关注的问题。五四运动带来了一股否定传统的思潮，美术方面也经历了这样一种反思，但是在中国数千年文明的传统中到底哪些是可取的，哪些是要扬弃的，对此要做出正确的判断，并不是简单的事，不同的人会从不同的角度进行思考。

    20世纪上半叶，一批批中国的画家留学欧洲和日本，希望通过学习外国的绘画来改变中国画坛的沉闷状况，另一方面，深受传统国画熏陶的一部分画家则对西洋的绘画抱着怀疑乃至排斥的态度，于是中国的美术界出现了前所未有的活跃气氛，形成了较长时期对中国传统绘画及其在新形势下如何发展的争论。由于五四运动的影响，对传统的批判呈主流倾向，然而，如果把传统艺术彻底否定之后，就会发现作为中国画家的一种空虚。中国数千年文明中到底有没有值得继承和发扬的艺术？这是包括很多热心于推广西洋艺术的画家们普遍思考的问题。

    在中国的画家们开始重新反思中国传统之时，敦煌艺术开始被介绍出来了，人们认识到像敦煌艺术这样由古代无名艺术家们创造的艺术富有极强的生命力，直到今天仍然取之不尽用之不竭。张大千、王子云、常书鸿、关山月等富有远见的画家们看到了这一点，并身体力行，到敦煌进行壁画临摹、研究，不仅自己学习，还把敦煌艺术介绍给世界，使人们对中国传统美术有了新的认识，并从敦煌艺术中看到了过去所忽视了的中国传统美术的意义。

20世纪二三十年代中国画坛及对美术发展的思考

20世纪二三十年代，随着五四以来中国新文化运动的兴起，有很多艺术家在思考中国新美术发展的方向。与之同时，由于鲁迅、陈独秀等"文化旗手"的影响，对中国传统文化的批判与反思，成为当时思想的主流。绘画界也不例外，就是对中国传统绘画的批判。而批判的依据往往是由西方绘画而来的一些美学观念，即绘画是否反映社会现实生活。由于对艺术反映社会现实的强调，那么像明清以来以山水花鸟题材为主的文人画，反映的只不过是文人的闲情逸致，表现上又过分注重笔墨形式而缺乏写实性，便成了人们批判的对象。人们向往着一种能反映社会生活的艺术，能反映现实人生的艺术。这一点在中国处于外敌入侵、民族矛盾激化之时代，尤其显得重要。一些美术界的领袖们，就主张要借西方艺术表现方法来革新中国画。

一般来说，当时较多的人认为西画重写实，有科学性，能表现"真"；而中国画不能写生，画出的人物比例不准确，这就被认为缺少了"真"和不"科学"。更因为中国画的传统题材（如山水、花鸟等）远离社会生活，无法直接反映现实，如此等等，就是人们对中国画普遍进行批判的理由。提倡艺术反映现实生活，以至于干预社会生活，这是与五四运动以来提倡的"科学"与"民主"精神相一致的。作为五四运动文化革命的"旗手"，陈独秀也曾谈过关于绘画方面的见解：

　　若想把中国画改良，首先要革王画的命。因为要改良中国画，断不能不采用洋画的写实精神。这是什么理由呢？譬如文学家必用写实主义，才能够采古人的技术，发挥自己的天才，做自己的文章，不是抄古人的文章。画家也必须用写实主义，才能够发挥自己的天才，画自己的画，不落古人的窠臼。中国画在南北宋及元初时代，那描摹刻画人物禽兽楼台花木的功夫还有点和写实主义相近。自从学士派鄙薄院画，专重写意，不尚肖物。这种风气，一倡于元末的倪黄，再倡于明代的文沈，到了清朝的三王更是变本加厉。人家说王石谷的画是中国画的集大成，我说王石谷的画是倪黄文沈一派中国恶画的总结束。谭叫天的京调，王石谷的山水，是北京城里人的两大迷信，是神圣不可侵犯的，是不许人说半句不好的。绘画虽然是纯艺术的作品，总也要有创作的天才和描写的技能，能表现一种艺术的美，才算是好。[1]

---

①陈独秀：《美术革命——答吕澂》，《新青年》六卷一号，1918年1月15日出版。

鲁迅先生虽然在批判旧传统上十分坚定，但他与一些过激主义者有所不同，而是对传统采取了比较审慎的继承的态度，他反对把传统的一切都砸烂，反对一味地采用外来的东西以充时髦。1927年，鲁迅在看过陶元庆的画展后，发表的谈话中特别强调了"民族性"，他认为陶元庆的画摆脱了两种桎梏，一种是三千年历史的桎梏，一种则是一味用外来的标尺而形成的新的桎梏，所以具有民族性。他指出：

> 陶元庆君绘画的展览，我在北京所见的是第一回。记得那时曾经说过这样意思的话：他以新的形，尤其是新的色来写出他自己的世界，而其中仍有中国向来的魂灵——要字面免得流于玄虚，则就是：民族性。
>
> …………
>
> 但我并非将欧化文来比拟陶元庆君的绘画。意思只在说：他并非"之乎者也"，因为用的是新的形和新的色；而又不是"Yes""No"，因为他究竟是中国人。所以，用密达尺来量，是不对的，但也不能用什么汉朝的虑傂尺或清朝的营造尺，因为他又已经是现今的人。我想，必须用存在于现今想要参与世界上的事业的中国人的心里的尺来量，这才懂得他的艺术。[①]

1934年，在《论"旧形式的采用"》一文中，鲁迅虽然对"米点山水"之类持否定态度，但仍然强调了传统艺术的

---

①鲁迅：《当陶元庆君的绘画展览时》，《而已集》，人民文学出版社，1973年。

价值：

> 唐以前的真迹，我们无从目睹了，但还能知道大抵以故事为题材，这是可以取法的；在唐，可取佛画的灿烂，线画的空实和明快，宋的院画，萎靡柔媚之处当舍，周密不苟之处是可取的，米点山水，则毫无用处。后来的写意画（文人画）有无用处，我此刻不敢确说，恐怕也许还有可用之点的罢。①

20世纪初，中国的有志之士纷纷思考着怎样拯救日趋衰退的中国传统文化。那时到西方求学，希望学习西方的文化来改革中国现状，便是一大批留学国外学人的共同想法。留学人员不论是学习政治、科学技术，还是文学、艺术等诸学科，大都十分关注国内的发展动向，都希望以自己所学报效祖国。而学习西画的画家们更是以改革中国画为己任，回国后给中国画坛带来了新的气息。

在法国学习油画的徐悲鸿是最有代表性的画家，他在《中国画改良论》中指出："古法之佳者，守之；垂绝者，继之；不佳者，改之；未足者，增之；西方画之可采入者，融之。"②提出了改良中国画的具体纲领，并身体力行，利用在欧洲留学西画的优势，进行中国画创新。他提倡以写实主义

①鲁迅：《论"旧形式的采用"》，《且介亭杂文》，人民文学出版社，1973年。

②徐悲鸿：《中国画改良论》，最初发表于北京大学出版的《绘学杂志》第一期，1920年6月。后收入《美术史论丛刊》1983年第2期。

来拯救中国画过去那种远离现实、形式化严重的局面，开创一条改良中国绘画的道路。应该说这一点针对了当时中国画之弊，是十分有效的办法之一。其他的油画家如颜文梁、吕斯百、吴作人等都是走这一条路的。[①]

当然同时期还有不少画家如林风眠、刘海粟着眼于中西绘画的结合，往往能看出西方现代艺术中与中国传统绘画相通的地方，并努力探索着中西结合的艺术创作，被称作"新画派"。还有一些画家不仅引进了西方现代艺术，还创作了很多具有现代派风格的作品，被称作"前卫派"。[②]

常书鸿像

曾在法国留学达九年之久，并已经取得了令人瞩目的成果的常书鸿，却在连年荣获法国各种绘画奖，在法国画坛崭露头角之时，毅然回到了战争乌云笼罩的中国。常书鸿在创作思想上倾向于徐悲鸿的主张，然而，面对空前活跃的时代和纷纭的艺术思潮，他一直在思考，中国传统艺术到底是怎么一回事？中国传统绘画中真的没有多少值得继承的东西了吗？中国艺术必须要用欧洲艺术中写实主义的技法来改革吗？这一系列问题在当时思想

①张少侠、李小山：《中国现代绘画史》，江苏美术出版社，1986年。
②陶咏白：《中国油画二百八十年》（上），《文艺研究》1988年第2期。

革命的大潮中，往往被人忽略了。

常书鸿长期生活在法国，对西方艺术有着十分深入的理解，他在油画艺术上的成功，使他更关心中国绘画的前途。在《中国新艺术运动过去的错误与今后的展望》一文中，常书鸿冷静地分析了中国新艺术运动以来的错误，提出了一个相对完整的艺术设想。他认为中国艺术之所以衰弱就在于艺术家之不取法于自然，因而要挽救中国艺术最重要的就是要使中国的艺术家接近自然。因此以国画、油画等绘画的形式、技法来分别高下是错误的，应该取消这种分别的思想，"无所谓洋画与国画，无所谓新法与旧法，我们需要共同的展进我们新艺术的途径，一个合乎时代需求中国新艺术的产生"[1]。

常书鸿所设想的中国新艺术是什么呢？他认为"所谓新艺术形式的创造，就是现代中国人的灵魂在艺术上的显现，不是洋画的抄袭，不是国画的保存，也不是中西画的合璧。只要能够表示民族性，只要能够表示时代精神，艺术家个人的风格，不论采取洋法或国法都还是中国新艺术的形式"[2]。这样的思想已经超越了绘画形式之争，流派之争，而是对一个民族艺术的深刻洞察，至今仍然值得我们思考。在1933年就提出这样高屋建瓴的思想，体现了常书鸿对艺术本质的深入把握。

此外，著名画家傅抱石1935年在《文化建设》上也发表

---

①常书鸿：《中国新艺术运动过去的错误与今后的展望》，《常书鸿文集》，甘肃民族出版社，2004年。（原载《艺风》1934年第2卷第8期）

②常书鸿：《中国新艺术运动过去的错误与今后的展望》，《常书鸿文集》，甘肃民族出版社，2004年。（原载《艺风》1934年第2卷第8期）

了类似的看法，他认为中国文人画艺术虽然有其娴雅精致之美，但不免小气，无法成为中国这样一个伟大民族的代表，他认为要想找到中华民族艺术的代表，应当去找像敦煌艺术、云冈石窟这样宏大的富有人民性的艺术：

> 雕刻的遗迹，随便说吧，如云冈巩县天龙山等多数的佛窟，真不知接受了几何人的瞻仰和崇拜。东方固是第一大艺术，西方也未见得有出其右者。我们要知道，这成千成万的石佛，都是先民一刀一刀，一尊一尊，累月经年所造成，若说是没有伟大力量的民族办得到，那现在也不让云冈独霸一部东方雕刻史了。
>
> 这无量数的遗宝，都是中华民族精神的寄托。唯有这些遗宝，中华民族在世界美术上始值得自豪，值得人家远万里费长久时间，来研究我们一张纸或是一块石头。[①]

这些思想家、艺术家的看法，可以说代表了20世纪上半叶那一代文化精英们对中国传统艺术的一种共同认识，即明清以来的文人艺术那一条涓涓细流是不能代表中华民族全部传统艺术的，而且由于文人艺术日趋脱离现实，已不能适应新的时代需要了。这时接受外来的艺术，改良中国画就势在必行了。但是代表中国传统艺术的东西到底在哪里？对于20世纪初期的大多数艺术家来说，实际上是很迷茫的。而在30

---

①傅抱石：《中华民族美术之展望与建设》，《文化建设》第1卷第8期，1935年5月。又见《傅抱石美术文集》，上海古籍出版社，2003年。

至40年代，随着一些有识之士率先访问中国西北古老的文化遗存，对包括敦煌、云冈、龙门石窟等古代艺术进行考察与学习，敦煌、云冈等古代石窟艺术逐步被公布于世，终于使世人开始认识到除了那些文人趣味的书画之外，中国古代文明还有如此辉煌的宝藏。

敦煌艺术与20世纪中国艺术家

从20世纪30年代后期到40年代，一些画家开始陆续到敦煌实地考察、临摹壁画。他们不仅通过对古代艺术的学习使自己在绘画艺术上开阔了视野，开辟了新路，而且通过他们举办的一次次敦煌壁画临摹品的展览把远在西北边陲的敦煌艺术介绍给了世人，在中国民众中特别是在美术界产生了极大的影响。

第一个到敦煌临摹壁画的是李丁陇，从此拉开了中国画家临摹学习敦煌艺术的历史序幕。

李丁陇，祖籍甘肃陇西，生于河南新蔡县，青年时在上海美术专科学校师从刘海粟。

1938年，李丁陇一行10人沿着唐玄奘取经的路线西行。到嘉峪关时，因气候恶劣，大部分人都回去了。李丁陇和另一位画家历尽艰辛抵达敦煌。他每天在洞子里临摹壁画长达七八个小时，以惊人的毅力坚持了8个月的时间，完成了宏大浩繁的《极乐世界图》临摹草稿和一百多张单幅画，还有不计其数的飞天、藻井和佛手图案。1939年8月，李丁陇回到西安，举办了"敦煌石窟艺术展"，在当时引起轰动。特别是其中高2米、长15米的《极乐世界图》巨幅长卷吸引了大量观众。1941年初，李丁陇又到成都和重庆办了展览，并与张大千相识。受其影响，张大千也产生了要去敦煌的打算。1944年，李丁陇第二次赴敦煌，对第一次临摹的画进行了仔细的复核和编号，又临摹了一批新作。1946年和1948年李丁陇先后在兰州、南京、上海等地举办临摹壁画展，使敦煌艺术得到广泛的传播。李丁陇之后，张大千、王子云、关山月等画家也先后到敦煌临摹壁画，敦煌成了20世纪中国画家心中的圣地。

（1）张大千对敦煌壁画的临摹与传播

张大千，四川内江人，自幼即聪明过人，学画临摹古人常常达到乱真的程度，据说他临摹石涛的绘画，使鉴定专家也往往难辨真假。为了探求艺术的真谛，他曾遍游名山大川，广泛结交社会各阶层人物。20世纪30年代，他已名扬海内，在人物画与山水画上达到很高的水平。1941年，他听说敦煌莫高窟有很多古代壁画，便带着儿子张心智、侄儿张彼得，学生肖建初、刘力上等人，离开成都向敦煌进发。他没有料到这里的壁画、彩塑是那样的丰富和精美。对于宋、元、明、清著名画家的真迹，张大千不知见过多少，却从来没有见过这么富丽辉煌、气势雄伟的古代壁画，他被敦煌艺术震惊和陶醉。他感到这些壁画是中国古代艺术的重要作品，却未被世人所认识，于是，决定在敦煌作较长时期的临摹和研究。在到达敦煌的初期，他领着弟子们清理窟内的流沙，为洞窟作了编号，并大致分出了洞窟的时代。在敦煌文物研究所编号没有公布之前，张大千的敦煌石窟编号被学术

张大千在榆林窟

界普遍采用。在最初到敦煌临摹壁画的画家中，张大千是对敦煌壁画作了深入研究然后再进行有计划的临摹工作的。他对壁画的一些认识至今仍然富有启发性。他说：

> 两魏疏冷，林野气多；隋风拙厚，窍奥渐启；驯至有唐一代，则磅礴万物，洋洋乎集大成也；五代宋初，蹑步晚唐，迹渐芜近，亦世事之多故，人才之有穷也；西夏诸作，虽刻划极钝，颇不屑踏陈迹，然以较魏唐，则势在强弩矣。[①]

①引自叶浅予《张大千临橅敦煌壁画画册序》，《张大千临橅敦煌壁画》，四川美术出版社，1985年。

张大千把敦煌莫高窟编了309号，是敦煌文物研究所编号之前最详细的编号，在20世纪40年代被学术界普遍采用。他还对石窟作了记录——《张大千先生遗著漠高窟记》。这本洞窟内容总录性的著作直到张大千逝世后才由台北故宫博物院出版，但它对当时的莫高窟状况的记录，今天仍有着参考价值。在《张大千先生遗著漠高窟记》中，有时还记录了画家对壁画的一些独到的见解，至今仍富有启发性，如他在第300窟（敦编第156窟）记录后有这样的评述：

> 唐自武德后，画派郁起，风规灿然，逮及开元，将百年间，浸浸乎，其入于无极矣。大中以降，风雅顿歇，笔漫意芜，神荒气率。盛衰变易，凄其忽诸，间有清才，稍进情采，外腴而中疏，文高而质虚，则又比之童蒙芳草，鸿裁巨制，蒇尔难任矣。惟此窟张议潮夫妇出行图及第三百有一窟（敦编第158窟）涅槃像上声闻菩萨及各国王子等，沈炼敦厚，犹有盛唐余风，亦足为难能矣。①

014

1941年，张大千临摹了第一批壁画作品，就托人带了20幅到成都开办"西行记游画展"。这年冬天，张大千在兰州稍事修整，第二年初春时节，他又来到了敦煌。这次，画家谢稚柳也被他动员来了。谢稚柳在临摹壁画的同时，对石窟内容进行了详细的考察，后来写成了《敦煌艺术叙录》。张大千还专门到青海请了当地绘制唐卡的喇嘛来帮助他临摹壁画。

① 《张大千先生遗著漠高窟记》，台北故宫博物院，1986年。

实际上张大千的临摹小组跟古代的画工的工作方法是一样的，由一个老师领头，弟子们分工合作，关键的线描和色彩上是由张大千主笔，而一些次要的填色工作尽可能让别人去做，所以他能在短时期内临摹出数量较多且画幅较大的作品。比如一些大型的佛像画、经变画等，除了后来的敦煌艺术研究所集体进行的临摹外，个人画家在短时期内都是无法完成的。

两年多的时间里，张大千及其弟子们克服无数困难，足迹遍及莫高窟、榆林窟，临摹壁画200多幅。张大千采用的临摹方法是尽可能地复原壁画的原貌。他根据自己对壁画的考察和推断，按照自己认定的壁画"原貌"来恢复那些绚丽的色彩。

1944年，"张大千临摹敦煌壁画展"相继在成都、重庆等地展出，在人们眼前展示了一个个清新绚丽、别开生面的艺术境界，这新颖独特的风格使人们既感到亲切，又是那样陌生，

张大千临摹的敦煌壁画《大梵天赴会图》

它与明清以来的画风截然不同，在这宏大精丽的艺术面前，人们只留下了惊叹。书法家沈尹默先生深有感触，挥毫写道：

> 三年面壁信堂堂，万里归来鬓带霜。薏苡明珠谁管得，且安笔砚写敦煌。[①]

著名历史学家陈寅恪盛赞张大千的成果，他说：

> 自敦煌宝藏发现以来，吾国人研究此历劫仅存之国宝者，止局于文籍之考证，至艺术方面，则犹有待。大千先生临摹北朝唐五代之壁画，介绍于世人，使得窥此国宝之一斑，其成绩固已超出前人研究之范围，何况其天才独具，虽是临摹之本，兼有创造之功，实能于吾民族艺术上别创一新境界，其为"敦煌学"领域中不朽之盛事，更无论矣。[②]

敦煌之行对于张大千的艺术生涯来说是一个重要的转折点，受到敦煌艺术的熏染后，他的画风为之一变，人物画、水墨画进入了一个新的阶段，开始走向顶峰。多少年以后，当人们追溯张大千所走过的道路时，不能不承认他对敦煌的选择是独具慧眼的。

---

①杨继仁：《张大千传》（上），文化艺术出版社，1985年，第375页。
②引自叶浅予《张大千临摹敦煌壁画画册序》，《张大千临摹敦煌壁画》，四川美术出版社，1985年。

（2）王子云及西北考察团

七七事变以后，由于日本帝国主义的大举侵略，国民政府迁都重庆。大量的文人画家也纷纷来到了西南。1940年，著名画家王子云向教育部提出了组建"西北艺术文物考察团"赴中国西北考察古文物艺术，并以复制、临绘等手段进行收集保存工作的申请。不久，教育部同意了这一申请，于同年6月正式成立了"西北艺术文物考察团"，王子云任团长。考察团的主要任务是考察四川广元千佛崖石窟、河南洛阳龙门石窟、巩县石窟、渑池石窟、嵩岳寺塔、白马寺雕塑、陕西汉唐帝陵及宗教寺院并建筑雕刻艺术、甘肃敦煌石窟、安西万佛峡石窟、青海佛教寺院等西北古代历史文化胜迹，目的在于"尽量以不同的方式加以采集，或写生，或摄影，或拓，或模铸，务使各种优美之古代珍遗毫无遗憾地呈现在国人目前"[①]。

1940年12月至1941年2月，考察团考察了古都西安和洛阳龙门石窟；1942年3月进入甘肃、青海一带考察；1942年5月，考察团成员陆续到达敦煌。直到1943年5月，考察团分两个阶段在敦煌进行了近一年时间的考察，参加者有王子云、雷震、邹道龙、卢善群。他们主要做了如下工作：

一、临摹壁画。最初，张大千也在敦煌临摹壁画。考察团的工作人员采取了跟张大千完全不同的"临旧如旧"的办法，也就是客观临摹，尽量把敦煌壁画现状的真实面貌保存

---

①广东美术馆编：《抗战中的文化责任——西北艺术文物考察团六十周年纪念图集　叙述文版》，岭南美术出版社，2005年。

卢善群临摹的敦煌壁画

下来。他们临摹敦煌壁画及写生、速写共130幅。

二、对洞窟进行考古性的记录，拍摄了120张壁画照片。并通过科学的测绘，采用艺术与写实相结合的办法绘成了高24厘米、长达550厘米的敦煌千佛洞全景写生图。

三、除了对美术资料进行收集外，还对相关的历史资料

王子云绘《敦煌千佛洞全景图》（部分）

进行收集，如对历代供养人题记的记录，另外如对第332窟的唐武周李君修佛龛碑（圣历碑）、第148窟的李氏再修功德碑（大历碑）、莫高窟六字真言碑等的记录。

四、注重对周边遗存的调查。他们在一些洞窟中收集到佛经残片，还在敦煌附近的汉代烽燧遗址中发现汉代的竹管、钱币及丝织物残片。

1943年6月，考察团在结束了敦煌的考察后，又到陕西南部一带考察，直到1944年底最后结束了考察。考察团在敦煌的重要收获还有以教育部艺术文物考察团名义发表于《说文月刊》1942年第三卷第六期的《敦煌莫高窟现存佛窟概况之调查》。

考察团在长达4年的考察期间，曾以各地考察收集的资料以及照片、临摹品举办过7次展览，其中如1942年底，在重庆举办的"第三届全国美展"中，以部分敦煌壁画摹本和其他文物资料参展。1943年1月在重庆中央图书馆举办"敦煌艺术展览会"，展出敦壁画临摹品及西北风物、风景写生300余件。每次展览都以丰富的调查资料以及各地临摹品、拓片、风景写生等吸引着大量的观众。1943年10月在西安举办的"西北艺术文物展览会"，盛况空前，据当时的媒体报道，三天之内参观的人数"逾十万"，并引起了艺术界、学术界的广泛关注。当年10月12日的《华北新闻》发表了题为《敦煌壁画与汉唐石刻》（署名渝客之）的文章，文中盛赞敦煌艺术，并指出敦煌艺术可以改革当时中国美术之弊端，作者认为：

北魏壁画气魄雄伟，用笔泼辣，设色强烈，构图奇特。其作风豪迈，真如天马行空，充分表现了鲜卑深沉粗犷精神。在技巧上，可谓极尽于西洋画。我们常盛赞文艺复兴时期，意大利宗教壁画，若看了比文艺复兴几乎早一千年的敦煌壁画，实令人增无穷之信心，今日国画格局日益狭小，画风日囿于纤巧，药之者唯有敦煌壁画耳!

凡艺术之起，皆与宗教有关，迄今历史上最伟大的艺术，往往都是宗教艺术。敦煌壁画，十、九皆宗教美术。唯其与宗教结不解缘，始能将伟大的宗教热情与最强烈的人生色彩摄入其中。……今日国画家多标榜空灵飘渺艺术，要脱离现实人生，自然就缺少活泼泼的生命如火如荼的热情，此种流弊，药之者唯有宗教艺术。①

可以看出，当时的人们是以何等惊喜之情来看敦煌艺术的。这种对敦煌艺术的认识，在那个时代应该是具有一定代表性的。

在敦煌的考察，使王子云认识到像敦煌这样的艺术宝库应该由国家管理起来并作为艺术教育的基地，1942年，王子云向国民政府提出了"设立敦煌艺术学院"的建议。而在王子云等人考察敦煌石窟的前后，中央研究院西北史地考察团的劳幹、石璋如、向达等学者都曾与王子云结伴工作。他们在其后分别发表了有关敦煌石窟研究的重要著作。

---

①广东美术馆编：《抗战中的文化责任——西北艺术文物考察团六十周年纪念图集 叙述文版》，岭南美术出版社，2005年。

（3）关山月、韩乐然等画家们对敦煌艺术的传播

关山月，1912年生于广东阳江，1933年毕业于广州师范本科，1935年进入春睡画院随岭南派大师高剑父学画，后来成为岭南派第二代传人，擅长于山水、花鸟及人物画。

到敦煌莫高窟考察、临摹敦煌壁画，是关山月艺术生涯中最为重要的一次活动。1943年初夏，关山月及夫人李小平与赵望云、张振铎从成都出发，途中分别在西安、兰州举办"赵、关、张画展"筹集旅费，①然后坐车经张掖、酒泉，出嘉峪关再入祁连山，深入祁连山的藏族和哈萨克族牧区，体察西北少数民族牧民的风俗民情，写生作画。等到了敦煌莫高窟，已近中秋，刚成立的国立敦煌艺术研究所筹备委员会副主任委员常书鸿先生热忱地接待了他们。②

在莫高窟考察、临摹古代壁画的日子里，关山月历尽了各种艰难。莫高窟是坐西朝东，只有在上午光线比较好，下午就很暗了，因此关山月夫妇每天早早带着画具进洞窟，靠着妻子手举暗淡的油灯，艰难地进行临摹。我们从《关山月临摹敦煌壁画》一书的关山月自序中，可略知他们临摹敦煌壁画之辛苦程度：

我不计什么是艰苦、什么是疲劳。那里确实很荒凉，幸而我有妻子的协助，由她提着微暗的油灯陪着我

①见程征著《中国名画家全集·赵望云》，河北教育出版社，2002年，第32页、252页。

②常书鸿：《敦煌壁画与野兽派绘画——关山月敦煌壁画临摹工作赞》，《关山月临摹敦煌壁画》，翰墨轩出版有限公司，1991年。

爬黑洞，整天在崎岖不平的黑洞里转。渴了就饮点煮过的祁连山流下来的雪水，明知会泻肚子的也得喝下去；饿了就吃点备用的土干粮，就这样在黑洞里爬上又爬下，转来又转去，一旦从灯光里发现了自己喜欢的画面，我们就高兴地一同在欣赏，在分析研究其不同时代的风格，造型规律和表现手法。由于条件所限，只能挑选喜欢的局部来临。有时想临的局部偏偏位置较高，就得搬石块来垫脚；若在低处，就得蹲下或半蹲半跪，甚至躺在地上来画。就这样整个白天在洞里活动，晚上回到卧室还得修修补补。转瞬间一个月的时光过去了，用我和妻子的不少汗水，换来了这批心爱的临画。[1]

关山月这次临摹敦煌壁画共有82幅，他一直视为珍宝，先后在成都、重庆、广州、上海、南京等地展览过，现在由深圳关山月美术馆收藏。作为一个国画家，关山月为什么要到敦煌临摹壁画呢？关山月自己说过：

我把敦煌千佛洞的古代艺术看作是人类文明的骄傲，是东方人民的骄傲，是中华民族的骄傲。当时能有机缘到敦煌来参观学习，我也常常感到自豪与骄傲，叫我怎能"如入宝山空手回"呢？[2]

①关山月：《关山月临摹敦煌壁画》，翰墨轩出版有限公司，1991年。
②关山月：《关山月临摹敦煌壁画》，翰墨轩出版有限公司，1991年。

常书鸿曾满怀深情地回忆与关山月、赵望云在敦煌相聚时的情景：

　　　　我当时和山月、望云两位老画友在塞外会见倾谈时，都把话题着重在如何从敦煌艺术自4世纪到14世纪演变发展各个阶段的成就中，吸取借鉴，为现代中国艺术新创造起到推陈出新的作用，深得山月和望云二位的赞同。他们到了敦煌如入宝山，尤其是山月和夫人，自己背着板凳、画板、颜料、水壶、烛火，攀登于危岩断壁的石窟间，整日留在黑暗的洞窟里，在破楼残壁晦暗不定的烛光前，秉笔作画的精神使我们十分感动。[①]

　　关山月在敦煌的临摹，不是客观地表现对象，而是按照他所感受到的敦煌壁画的色彩与韵律来绘的，有人说他是"写"敦煌壁画，他的目的是找出对敦煌壁画不同时代艺术精神的领悟和把握，这一点对他以后在人物画创作方面产生了重大的影响。特别是他1947年在南

关山月临摹的莫高窟壁画

　　①常书鸿：《敦煌壁画与野兽派绘画——关山月敦煌壁画临摹工作赞》，《关山月临摹敦煌壁画》，翰墨轩出版有限公司，1991年。

洋写生的许多作品，渗透着敦煌艺术的某些特征。关山月在临摹敦煌壁画之后，对中国传统绘画产生了新的认识。他说：

> 我自从看过敦煌壁画之后，对于绘画的自身工作，起了更大的信念。中国绘画，自文人画复兴以后，绘画几乎成了一般文人的游戏。……自从五四运动以后，各个部门，都察觉这个病源，便高声疾呼，要根据社会人生做背景，要抓着现实为中心，至绘画方面，自然也不能例外。民国初年，高氏昆仲早已看准了他们自己的使命，一直摇旗呐喊了三十年，渐渐博得一般人的同情协助和鼓励，便奠定了一个很稳固的基础。年来以西画技巧渗入国画境界者日众，从事创作者日多，并不断地有许多成绩表现出来，这当然是一个很好的现象。艺术本来没有国域……回顾一千多年以前的壁画，就可以给我们一个很宝贵的答案：中国画面渗有西画的技巧，一千多年前的古人早已在干着，我们今天这样做，不过是一种还原罢！[①]

对于当时的很多艺术家来说，敦煌艺术使他们对中国传统绘画产生了信心，同时对画家们如何改革当时中国绘画的道路，无疑具有很大的启发作用。

---

①关山月：《敦煌壁画的作风——和我的一点感想》，《风土什志》第一卷第五期，1945年。

韩乐然（1898—1947）是一个独特的画家，在他短暂的生命中，散发着火一般的热量，他是一个为民族为祖国而奋斗的战士，同时又是一个对中国现代绘画作出突出贡献的画家。

韩乐然1898年出生于吉林省延吉县（今龙井市）龙井村的一个朝鲜族家庭，原名光宇，曾用名素功，字乐然。早年在东北地区从事美术教育，并积极参加反日民族运动。1929年秋，韩乐然赴法国勤工俭学。1931年，考入巴黎卢佛尔艺术学院。1937年回国，积极参加抗日统一战线工作；曾被国民党逮捕，苦度三年铁窗生涯，1943年初被营救假释出狱。1943年至1947年，韩乐然两赴敦煌，两赴新疆，临摹敦煌壁画，于古高昌国遗址考古，细致考察研究拜城克孜尔佛洞遗迹；于甘肃、青海、新疆作油画、水彩写生；他曾有新疆考古五年计划及建立西北博物馆之设想，但最后没有实现。1947年7月30日，韩乐然自迪化（今乌鲁木齐）赴兰州途中因飞机失事遇难。

韩乐然可以说是中国研究克孜尔石窟寺艺术之第一人，不仅在洞窟上留下了宝贵的题记，留下了韩氏的编号，还留下了数十件摹件。这些壁画临摹包括敦煌莫高窟壁画和克孜尔千佛洞壁画，以克孜尔居多，油画、水彩兼有，以油画居多。

据常书鸿的回忆，韩乐然于1945年和1946年两次到敦煌写生。常书鸿与韩乐然对敦煌艺术和新疆的壁画相互交谈过。常书鸿看过韩乐然画的水彩画，他后来记述道："看着他的画，每一幅都充满了光和色的明快，毫无呆滞和生涩之感。他那纯熟洗炼的水彩画技法，已达到了炉火纯青的程度。"①当时，常书鸿还请韩乐然为敦煌艺术研究所的同仁们作了一次题为《克孜尔千佛洞壁画的特点和挖掘经过》的讲演。常书鸿认为韩乐然的工作对敦煌艺术的研究作出了贡献。

此外，在敦煌临摹和工作过，后来在绘画创作上取得较高成就的还有工笔画家潘絜兹、油画家董希文等。

（4）美术史研究家对敦煌艺术的研究与推广

除了很多画家远赴敦煌临摹学习敦煌壁画并介绍到内地外，还应当注意到20世纪40年代以后，一些治美术史的专家学者们通过实地考察或者通过别人调查的资料，在理论上阐释了敦煌艺术，把敦煌艺术纳入中国美术史的范畴进行研究，从而充实和丰富了中国美术史。

向达（1900—1966），曾于1935年到牛津大学图书馆工作，次年转伦敦，在英国博物馆调查斯坦因劫走的敦煌写卷，1937年到德国考察被德国人劫走的中国西部地区壁画和写卷。1938年回国，1942年参加由中央研究院组织的西北史地考察团，任考古组组长，从1942年至1944年开始对河西走廊及敦煌一带进行考察，曾在敦煌住了9个月，对敦煌石窟及周边的阳关、玉门关遗址作了考古调查。这些调查的成果陆续发表在当时的报刊，引起了社会的强烈关注。向达还发表了《论敦煌千佛洞的管理研究以及其它连带的几个问题》《论千佛洞的管理研究》等文章，对敦煌石窟的管理提

---

①常书鸿：《怀念画家韩乐然同志》，《常书鸿文集》，甘肃民族出版社，2004年，第448页。

向达（左）与卢善群

出了更为具体的设想。这些都促成了国民政府1944年在莫高窟成立敦煌艺术研究所。向达先生虽然没有专门作中国美术史研究，但他从考古学的角度分析研究敦煌石窟艺术，对中国美术史的研究极富有启发性，包括常书鸿在内的早期研究和临摹敦煌壁画的人都深受向达的影响。

史岩（1904—1994），1924年毕业于上海大学美术系。1944—1945年在敦煌艺术研究所任职，他对敦煌石窟供养人题记作了调查，编成《敦煌千佛洞概述》《敦煌石窟画像题识》。其后来长期在浙江美术学院（今中国美术学院）从事中国美术史的教学和研究工作，特别对中国古代雕塑进行了深入的研究，学术著作主要有《东洋美术史》《古画评三种考订》《中国雕塑史图录》《中国艺术全集·隋唐雕塑》《中国美术全集·五代宋雕塑》等。其精深独到的见解，向为国内外学者推崇。

李浴，1915年生，河南内黄人，1938年毕业于国立艺术专科学校，1944年到敦煌艺术研究所工作，对敦煌石窟内容作过深入的调查，完成了《敦煌千佛洞石窟内容》一书，可惜限于当时的条件，未能公开出版。中华人民共和国成立后，李浴长期在鲁迅美术学院从事美术教学工作，并出版了《中国美术史纲》《西洋美术史纲》等重要美术史著作，在中国美术史研究方面产生了重大影响。而他早年对敦煌的调查，积累的丰富资料也在他的著作中表现出来。《中国美术史纲》大量采用了实地调查的石窟艺术等资料，使中国的古代美术在读者的心中有了更直观的印象。

对敦煌艺术有着深入研究的美术史家还有谢稚柳、金维诺、王逊、王伯敏等众多学者，由于他们都撰写了有关中国美术史的著作，又长期从事美术教育工作，敦煌艺术也随着这些专家学者的努力而广为人知。

通过一大批画家前前后后到敦煌临摹学习，人们开始认识到敦煌在中国美术史上的重要地位。更重要的是从敦煌艺术中，广大的中国艺术家看到了中华民族艺术精神所在，极大地增强了自信心和自豪感，正如常书鸿所说：

　　　我们并不缺乏外来文化的影响，我们缺少的是引证历史的实例、找出文化自发的力量。因为只有历史，才能使我们鉴往知今地明白祖国的过去，明白中华民族的精神之所在。

敦煌艺术是一部活的艺术史，一座丰富的美术馆，蕴藏着中国艺术全盛时期的无数杰作，也就是目前我们正在探寻着的汉唐精神的具体表现。[①]

常书鸿及敦煌艺术研究所对敦煌艺术的研究与推广

在常书鸿的自传《九十春秋——敦煌五十年》[②]里，他提到了一件事，就是在巴黎街头一个偶然的机会，他看到了关于敦煌艺术的画集（伯希和编的《敦煌石窟图录》），进而到了吉美博物馆，看到了那里收藏的被伯希和劫走的大量敦煌绘画。这件事不仅仅是刺激了他作为一个中国人的强烈爱国心，更重要的是他从这些艺术品中看到了中国传统艺术的精华所在。这是以前对中国传统艺术的认识中闻所未闻、见所未见的。正是这一点促使常书鸿放弃了巴黎安逸的生活，而下决心回到祖国。因为他要整理、研究这些古代的艺术品，更重要的是他要把这些伟大的艺术品介绍给世人，让所有学习中国绘画的人知道真正的中国艺术精华是在敦煌。

早在 1933 年，还在法国留学的常书鸿就曾著文热情洋溢地谈论过中国绘画的前途及中国画发展的方向等问题，在

---

①常书鸿：《敦煌艺术与今后中国文化建设》，《常书鸿文集》，甘肃民族出版社，2004年，第85页。（原载上海《文化先锋》第5卷第24期，1946年7月）

②常书鸿：《九十春秋——敦煌五十年》，浙江大学出版社，1994年。

《巴黎中国画展与中国画前途》《中国新艺术运动过去的错误与今后的展望》等文中，对中国绘画的发展方向提出了很多具体的批评与设想，体现出作者对中国艺术发展的热切关注之情，以及从世界的角度，宏观地探讨中国艺术的思想。尽管很多具体的想法也许不完全合乎实际，但常书鸿作为一个艺术家，已站在时代的最前列，他在试图找出一条适合中国美术发展之路。

1936年，常书鸿回国，任北平艺术专科学校教授。次年"卢沟桥事变"，日本大举侵略中国，常书鸿随校迁往重庆。直到1942年，国民党政府开始对敦煌石窟进行考察，拟成立敦煌艺术研究所，常书鸿积极参与筹备工作。1944年，敦煌艺术研究所正式成立，常书鸿任所长。

在敦煌成立研究所，对于中国美术的发展来说，有什么意义呢？常书鸿在1948年发表的《从敦煌近事说到千佛洞的危机》中，提到了法国培养艺术人才的美帝西学院（Villa Medicis）：在罗马有一个美帝西学院，法国选拔一些艺术人才专门送到那里学习，三年期满后，回到法国为艺术界服务。[1]

欧洲近代艺术的中心移向巴黎，但人们依然把文艺复兴时期的艺术中心罗马看作是传统艺术的一个发源地，所以去意大利游学，接受那里的艺术熏陶几乎是欧洲优秀艺术家们的必修课。常书鸿的一个伟大抱负，就是要通过自己的力

---

[1]常书鸿：《从敦煌近事说到千佛洞的危机》，《常书鸿文集》，甘肃民族出版社，2004年，第251—264页。（原载上海《大公报》1948年9月10日）

量，以敦煌艺术来推动中国绘画的改革，来促进中国美术走上现代化和民族化的道路。他把敦煌看作是中国传统艺术的中心，他所理想的敦煌艺术研究所，就是这样一个中国的美帝西学院：由教育部聘请对敦煌艺术有兴趣的教授或选拔研究生到这里作专题研究。这样，敦煌就成为一个培养艺术人才的基地，凡是要学习和研究中国古代美术的，就可以到这里学习，从这里了解到中国古代最纯正的艺术。而酝酿成立敦煌艺术研究所的于右任等人最早的提案其实就是要成立"敦煌艺术学院"，是把研究、保护与培养人才结合起来的一个设想。可以说，当时的有志之士对敦煌艺术的意义是有着许多共识的。

由此我们可以理解常书鸿先生孜孜以求，甚至在某种程度上放弃了自己心爱的油画创作，而尽全力在荒漠中建设一个敦煌艺术研究所，正是从继承并弘扬这一伟大的传统艺术，以期创立中国自身的新的民族艺术这一愿望出发的。因为，他已经看到中国新美术的发展绝不是靠一两个有名的画家就可以改变的，而是要培养一大批真正懂得中国传统艺术的人才，逐渐创立新的时代艺术。

在敦煌艺术研究所创建之初，现实的困难是远远超出人们想象的，莫高窟位于敦煌县城东南25公里的沙漠之中，当时在莫高窟前只有清朝留下的几所破庙（上寺、中寺和下寺），连起码的办公条件和生活条件都不具备，常书鸿和同仁们就是在这样的荒芜之地白手起家，创建了一个对中国学术史和艺术史影响极其深远的研究所。

敦煌艺术研究所的成立，标志着敦煌石窟正式开始受到

常书鸿在莫高窟内临摹壁画

有计划有目的的保护和研究。常书鸿率领同仁们在石窟外建立了土墙，大部分石窟修建了门，以保护石窟不受人为的破坏，同时也在艰苦的环境中开始了大规模的壁画临摹工作。

临摹的目的，首先是学习掌握古代绘画的技法，进而创作出有时代特色的新艺术。其次是为了给壁画留下副本，同时也便于壁画在外地展出，因为壁画本身是不能移动的，只有通过临摹品把敦煌艺术的形象展示给没有来过敦煌的人们。而在敦煌数年间的实践中，常书鸿先生已经意识到通过临摹品来宣传普及敦煌艺术，以唤起国人的重视，其实是最为重要的事。所以常书鸿花了极大的精力来组织研究人员进行临摹工作。首先是把临摹工作正规化，在研究所成立之前，已有张大千等画家们来敦煌临摹壁画，但张大千的临摹往往是凭自己的经验而改变壁画原来的形象与色彩，带有一定的主观性。常书鸿认为要向世人传达敦煌壁画的真实韵味，必须要客观地临摹。同时，敦煌艺术研究所明确地禁止了两种损害壁画的临摹方法，一种是用透明纸直接按在壁画上勾线，另外一种是喷湿了壁画，以看清本来不太清楚的壁画。这样，就把保护壁画放在了第一位。

常书鸿还组织画家们对敦煌壁画艺术中的一些专题作了集中的临摹，形成了以临摹品展示一个相对完整的敦煌艺术的体系。1948年，常书鸿在南京和上海筹办了规模宏大的敦煌艺术展，展出了研究所数年来临摹的敦煌壁画600多幅，向世人展示了敦煌艺术研究所成立以来的成果，引起了强烈的反响。在20世纪40年代，常书鸿还相继发表了很多文章，对敦煌艺术进行分析和介绍，并对敦煌壁画在中国美术史、文化史上的价值给予高度的评价。

中华人民共和国成立后，敦煌艺术研究所改名为敦煌文物研究所。1951年在北京举办了规模较大的敦煌艺术展览，当时文化部副部长郑振铎对常书鸿率领的敦煌文物研究所的工作人员在极其艰苦的条件下取得的艺术研究成果给予了高度评价。他说："在那里，我们不用花费多少说明，就可以知道敦煌文物研究所的诸位艺术家们和工作人员们如何辛勤、坚忍地在远远的西陲，埋头苦干了八年的光荣经过。我们得感谢他们的努力，使我们能够通过他们的努力，见到古

20世纪40年代的莫高窟外景

代的劳动人民的艺术家们的那末多的伟大的作品。"①

此后，在中华人民共和国成立后的十年间，敦煌壁画的临摹品分别在国内8个城市和国外6个国家的11个城市展出，受到了广泛的欢迎，产生了极大的影响。临摹并在各地展出，这一项看似简单的工作，它起到的社会效果是不可估量的，中国乃至外国的许多观众正是通过这些临摹品而了解和

①郑振铎：《敦煌文物展览的意义》，《文物参考资料》1951年第2卷第4期。

认识了敦煌艺术。在国内外无数次的敦煌艺术展览中，常书鸿以敦煌艺术来推动中国美术发展的理想在逐步地实现。虽然，由于"文化大革命"等影响，这样的进程受到了一定的阻碍，但在改革开放以后，由敦煌文物研究所扩建的敦煌研究院仍然是沿着常书鸿的道路，持续不断地在国内外举办不同规模不同形式的敦煌艺术展览，同时编辑出版了大量有关敦煌艺术的读物，从而使敦煌艺术深入人心，越来越多的人认识到敦煌艺术正是中国古代艺术的一个杰出代表，对于认识中国传统艺术特别是传统绘画艺术具有十分重要的意义。

1944年，在敦煌艺术研究所成立之前，有关中国美术史的著作几乎没有提到过敦煌艺术。而在敦煌艺术研究所成立半个多世纪以来，中国美术史的著作中在不断地强调敦煌艺术的存在，而且论述得越来越详尽，表明研究美术史的学者们对敦煌艺术越来越关注。今天，敦煌艺术在中国美术史上的重要地位已经成为一种常识。而我们能获得对中国美术史的这样一种全新的认识，与常书鸿及同仁们孜孜不倦的努力是密不可分的。

（原载《敦煌艺术十讲》，上海古籍出版社，2007年）

莫高窟人与"莫高精神"

1944年，国民政府成立了国立敦煌艺术研究所，隶属于教育部。中华人民共和国成立后，1950年把国立敦煌艺术研究所改名为敦煌文物研究所，隶属于文化部。后来，改隶甘肃省文化局（后来的文化厅）。1984年，甘肃省委、省政府将敦煌文物研究所扩建为敦煌研究院，使其成为正厅级省直文化事业单位。70多年来，一代代莫高窟人在极其艰苦的环境下为敦煌石窟文物的保护、研究和弘扬不断作出贡献，并形成了"坚守大漠、甘于奉献、勇于担当、开拓进取"的"莫高精神"。2019年8月19日，习近平总书记视察敦煌研究院，并主持召开了座谈会，发表重要讲话，讲话中对敦煌研究院的工作成绩以及"莫高精神"给予了充分肯定，并号召全国文物工作者学习传承"莫高精神"。"莫高精神"不是几句空的口号，它包含着一代代莫高窟工作者对国家、对事业的忠诚和热爱，对祖国传统文化的责任担当和对事业发展的开拓精神。

常书鸿开创了敦煌石窟保护研究事业

我们了解点历史知识的都知道，1900年藏经洞被发现，道士王圆箓在第一时间向政府报告，可是当时由于清朝处于没落的时代，当地政府没有采取任何有效的保护措施，藏经洞文物便被外国探险家陆续盗走。从1900年藏经洞被发现，到20世纪40年代初，由于整个中国处于战乱和动荡，没有国内学者前往敦煌进行实地考察。直到20世纪40年代初，著名画家张大千到敦煌临摹壁画，王子云率领考察团代表政府来到敦煌进行考察，越来越多的有识之士才开始认识到莫高窟的价值和意义，在这中间，常书鸿可以说起到了至关重要的作用。常书鸿先生于1927年前往法国学习油画，跟当时中国许多艺术家一样，他们感觉到中国传统的绘画正在走向衰弱，希望到西方学习，学成之后回国为中国艺术注入新的活力。在法国留学期间，常书鸿学习非常刻苦，以专业第一的成绩毕业。他的作品在法国巴黎、里昂等城市举办的高级别展览中参展并获得许多奖项。那个年代，在欧洲留学学习绘画的众多中国人当中，基本上再找不到像常书鸿这样在绘画领域有如此成就的艺术家。1934年，常书鸿与王临乙、吕斯百、刘开渠等留法的艺术家成立了"中国留法艺术家协会"，他们经常讨论绘画发展问题，并密切关注国内美术发展动态。从1934至1935年期间，常书鸿发表的一系列文章中便可以看出他对国内美术发展的关注，以及他提出的设想。1935年，常书鸿偶然在旧书摊上看到一本画册，那是法国人伯希和编的《敦煌石窟图录》，图录中有关敦煌石窟的照片，让他极为震惊，并被深深吸引。后来他经人介绍到吉美博物馆看到了伯希和从敦煌拿走的绢画，感到非常震惊："谁说我们中国的传统绘画不懂色彩的应用，不懂比

常书鸿一家
1935年　巴黎

例、透视？我们国家在一千多年前的唐朝，绘画的色彩是如此丰富，画家们对空间透视的掌握都达到极高的水平。"从此他改变了中国绘画不如西方油画的想法。那个时候的留学人员强烈希望祖国强大起来，所以他们都在想办法推动国内各个方面的发展。常书鸿深刻认识到中国绘画发展的希望，就在于将中国传统文化发扬光大。

常书鸿先生回国之后，便设想建立敦煌艺术学院，在敦煌培养中国的画家，希望招收在绘画上有前途的年轻人到敦煌来学习，来镀金。常书鸿先生反复讲到一件事情：法国古典绘画非常好，但是他们有一个不成文的规定，想要在绘画上获得承认，必须要去文艺复兴的中心意大利（罗马）去学习，因为达·芬奇、拉斐尔、米开朗琪罗等艺术巨匠的作品就分布在罗马、米兰、佛罗伦萨等地的教堂中。经过观摩学习这些大师的作品之后，才算是真正学过画的人。因此，在罗马就有一个美帝西学院，就是欧洲画家们必须进修的学校。常书鸿先生理想中的敦煌艺术学院，就是中国的美帝西学院。中国的艺术家要是不来敦煌学习，就算不上是搞懂了中国的传统艺术，他就是想让中国的艺术家来敦煌学习正宗的中国传统艺术。

1944年，国民政府在莫高窟成立了国立敦煌艺术研究所，结束了莫高窟约400年无人管理、任凭破坏偷盗的历史，常书鸿被任命为首任所长。当时莫高窟的状况非常艰苦，洞窟破败，文物保存状况堪忧。莫高窟没有电，晚上只能点油灯；喝的是莫高窟前大泉河的水，冬天结冰后便去河里采冰化水，由于水质较硬，喝了大多会拉肚子。冬春时期还会长时间刮沙尘暴，风沙漫天。1945年，随常书鸿一同来

1944年国立敦煌艺术研究所成立时全体员工

敦煌的雕塑家妻子陈芝秀，忍受不了敦煌的艰苦生活，抛下孩子离他而去。尽管非常痛苦，但在常书鸿后来写的文章中，他并没有过多地责备陈芝秀，因为敦煌的条件实在是太艰苦了。他们夫妻本来在法国有着安定、富足、幸福的生活，可是常书鸿来到戈壁沙漠中，一心要投身到敦煌石窟的保护研究工作中去，前后落差非常大，没有坚定的事业心，不能忍受如此艰苦的条件，他的妻子离开敦煌也是可以理解的。作为一个认识到敦煌艺术重要价值的艺术家，他一直在坚守莫高窟，并坚信敦煌艺术一定会放射出闪亮的光芒。国立敦煌艺术研究所成立之初，常书鸿带领所里的职工清理洞窟积沙，开展调查研究和壁画临摹工作。作为一个画家，常书鸿先生也常常将莫高窟前的风景、职工劳作的场景画下来，这些油画色彩明亮，充满了温馨。为什么在这样艰苦的

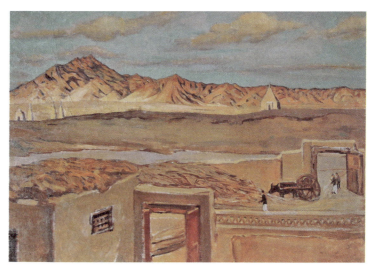

常书鸿创作的油画《三危山的傍晚》　1947年

李云鹤（左）在做壁画保护工作

条件下还能画出如此温馨的画面？因为他从事的敦煌事业是他热爱的，感受到的敦煌也都是美好的，所做的事也是有意义的。从1944年的敦煌艺术研究所到1950年以后的敦煌文物研究所，常书鸿先生带领着大家，在那样艰苦的条件下，默默奋斗着，力所能及地开展一些保护和研究工作，体现出来的就是"坚守大漠、甘于奉献"的精神。

从20世纪50年代开始，我们开始做文物修复工作。说到文物保护修复，我们不能忘记"大国工匠"李云鹤先生，当然还有很多为莫高窟文物保护修复作出贡献的莫高窟人。李云鹤先生没有读过大学，凭借着对敦煌石窟的热爱和对敦煌石窟价值的深刻认识，他最初借鉴国外专家的办法，然后自己刻苦学习和钻研，几十年如一日，成了文物保护修复专家。20世纪80年代初期，李云鹤先生主持开展的莫高窟第220窟甬道壁画整体搬迁项目，获得文化部科技进步奖。正是以李云鹤先生为代表的一批文物保护工作者，将自己毕生精力投入工作上，不图名不图利，不断学习钻研，让自己的双手更加灵巧，才有今天"大国工匠"的荣誉。这个世界上没有所谓的天才，自身的努力和所达到的成就是成正比的。

20世纪60年代初期，中国的经济十分困难。然而在1963年，国务院仍然拨巨资对莫高窟开展大规模加固工程，因为中央政府看到了敦煌石窟在中国传统文化当中无可比拟的价值。莫高窟加固工程请来了中国当时一流的专家，梁思成先生也参加了加固工程的方案审查，他提出"有若无、实若虚，大智若愚"的思路，最终的实施方案也正体现了这种"修旧如旧"思想。自此以后，我们的许多文物保护修复工程依然延续着这样的原则。

常书鸿先生将一辈子投入敦煌的事业当中，如果没有对敦煌艺术的热爱，没有对祖国文物事业的担当精神，他是待不下去的。1944年敦煌艺术研究所成立，1945年就有一大批人走了，两年后差不多第一批来敦煌工作的人都走光了。1946年，常书鸿先生又到重庆一带招聘了一批年轻的研究人员，其中就有段文杰先生、史苇湘先生等，敦煌文化事业才得以继续下去。这是一种对国家、对事业的担当精神，正是这种担当，促使他们不断创新，以此来开拓敦煌文化遗产事业。其实在常书鸿的时代，我们已经将敦煌石窟中能够做的研究工作开展起来了，对敦煌石窟的保护、研究、弘扬工作都有系统的考虑。20世纪60年代初期，常书鸿和北大的宿白先生交谈时，便提到要开展考古工作。当时宿白先生非常支持，提出每3年派一批北大考古专业毕业生到敦煌工作的设想。1963年，宿白先生就让考古专业的樊锦诗、马世长二人来敦煌工作。可是3年之后，也就是1966年，"文化大革命"开始了，宿白先生的设想没能继续下去。

改革开放，迎来敦煌事业的腾飞

改革开放以后，敦煌文物事业迎来了春天。1981年，邓小平同志来莫高窟视察。视察结束时，他问段文杰先生，敦煌石窟这么宏伟，这么重要，敦煌文物工作者们住在哪里？他要去看看。当时文物研究所没有办公楼，就在莫高窟前中寺的破旧土房子里办公。这些土平房是晚清留下的旧房子：土墙、土地、土炕。没有自来水，生活条件非常艰苦。邓小平同志看到大家的生活、工作场所后非常感动，他说解放都几十年了，你们还住在这么破旧的房子里。他提出要改善大家的生活、工作条件，并说首先把生活解决好，再考虑工作的事情。中央政府很快拨款300万元，为工作人员修建宿舍楼、办公楼，生活条件得到极大的改善。1984年，在甘肃省委、省政府的大力支持下，敦煌文物研究所扩建为敦煌研究院，增加了编制，加强了研究力量，全院的员工受到极大的鼓舞。

当时，段文杰院长一直在思考我们应该在这个时代做些什么。段先生的很多想法、做法在今天看来是富有远见和开

段文杰在洞窟内临摹壁画　1952年

创性的。段先生1946年来到敦煌，在同一批来敦煌人员中属于年龄较大的，自然而然就像一个班长一样，每天晚上在油灯下带领大家学习、研究、临摹壁画。段先生对自己要求非常严格，学习也很刻苦，他的绘画技术就是不断地练出来的。在老一辈艺术家中，段先生功底扎实，各方面素质过硬，画的画是最好的，这是大家公认的。其次是史苇湘先生，他画的画非常精致、细腻，尤其是对经变画中小的场面描绘得非常好。另外就是李其琼老师，她在壁画临摹中完全掌握了各个时代的敷彩特点，所临摹画作被人称赞比唐朝画家画得还要好。段先生临摹的第130窟都督夫人礼佛图为其代表作，后来的临摹很难再超越这幅作品了。

除了绘画，段先生的研究工作也抓得非常紧。在被打成"右派"的特殊时期，段先生也不忘记学习，虽然被下放劳动时只带了一些诸如二十四史、佛经之类的书，但仍然争分夺秒地学习。在"文革"结束之后，段先生写出一篇篇论文发表，一本本著作出版了。段先生不仅在绘画上有较高的成就，在学术研究上也达到了一定的高度。在他那个时代，能够全面地从艺术角度把握敦煌壁画的价值，从美术史、美学的角度研究敦煌艺术的，段先生是成就最高的。

在段先生担任院长的时候，他已经看到了敦煌学发展的曙光，他认为我们要抓住机遇，加快发展敦煌学。20世纪80年代初，段先生提出一个想法，要召开一个全国性的敦煌学术讨论会，团结全国的学者们共同把敦煌学搞起来。同时，段文杰先生也参与了以季羡林先生为首的十几位著名学者的联名活动，建议成立一个全国性的敦煌学组织。后来，中央决定成立中国敦煌吐鲁番学会，挂靠在教育部。1983年在兰州召开中国敦煌吐鲁番学会成立大会，紧接着，在敦煌召开了由敦煌文物研究所主办的全国敦煌学术讨论会。段先生通过发起召开全国敦煌学术讨论会，推动了中国敦煌学研究走向高潮。

此后，段文杰先生又考虑到仅仅召开国内的学术讨论会是不够的，敦煌学是一门国际性学科，我们一定要举办国际学术讨论会。当时召开国际学术会议面临很多困难，但段先

段文杰（右）1983年在全国敦煌学术讨论会上发言

生以他的远见卓识，克服重重困难，于1987年成功举办"敦煌石窟研究国际讨论会"，开启了敦煌事业国际合作交流的新篇章。我们跟美国、法国、日本持续开展系列学术交流，开阔了我们的视野，打开了我们的发展思路。当时日本东京艺术大学校长平山郁夫先生非常喜欢敦煌艺术，并且看到了敦煌艺术的价值，每年都带领学生前来学习考察。甚至在东京艺术大学有个不成文的规定：学习东方艺术的学生，要是没去过敦煌就不能毕业。当然这可能是个传说，但当时东京艺术大学几乎每年都会有老师带着学生来敦煌学习。平山郁夫先生喜爱敦煌艺术，希望支持敦煌研究院的发展。当时段文杰先生与平山郁夫先生商量，希望东京艺术大学帮助我们培养人才。于是，1985年，东京艺术大学与敦煌研究院签订了人才培养协议，每年敦煌研究院派2人前往东京艺术大学学习，这个项目一直持续到现在。如今敦煌研究院培养出来的骨干，大部分都有在东京艺术大学学习的经历。在平山先生的感召下，日本经济新闻社也支持敦煌研究院，每年为敦煌培养年轻学者1人，到现在也还在选派人。从这些国际合作上，我们可以看到段院长的高瞻远瞩。段先生的儿子也是画家，但在全院人才培养中，他没有为自己及儿子谋取半点私利，他心里面想着的只有敦煌研究院的发展。我想东京艺术大学、日本经济新闻社等国际机构能够长久地与敦煌研究院合作，正是被段院长这种无私奉献的精神和人格魅力所打动。

段文杰先生还有一个贡献，就是创办了《敦煌研究》期刊，1981年试刊，1983年正式创刊。现在《敦煌研究》在国

《敦煌研究》创刊号　1983年

际学术界中起着非常重要的作用和巨大的影响力。创刊之初，段先生坚持要请学术界一流的专家写文章，他认为如果《敦煌研究》只是我们院里内部发个文章、评个职称而已，这个杂志是没有前途的，这个杂志的定位，就是要推动世界范围内敦煌学的发展。这一点，段先生的眼光非常长远，为我们现在的发展奠定了很好的基础。在段先生的任期内，敦煌学研究可以说是硕果累累，我们在很多方面取得了成果，虽然有相当一部分成果并不是这个时候写出来的。因为在"文革"当中，我们的许多学者受到了打击，文章也发不了，在改革开放以后便集中发表出来了，这些成果奠定了敦煌研究院在整个学术界的地位。

在敦煌研究院发展过程中，我们不能忘记有一大批学者，他们可以说是含辛茹苦，经过那样一个特殊的年代，遭遇了各种各样不同的磨难和打击，还是坚守下来了。有的人被下放到农村去，有的人被遣返回老家劳动，到"文革"结

史苇湘

束后，又无怨无悔地回到了敦煌研究院。史苇湘、欧阳琳夫妇就是这样。欧阳琳先生在1946年就来到了敦煌，第二年史苇湘先生也来到了敦煌，他们一直默默无闻地开展壁画临摹、研究工作。史苇湘来到敦煌以后不停地学习，读了很多书，被称作"活字典""活资料"。凡是洞窟壁画的问题、历史的问题、佛教的问题都可以问他。后来他主持编纂《敦煌石窟内容总录》，这是一个相当艰苦的工作，为此他作了大量细致的洞窟调查。史先生对敦煌艺术有很深的理解，他的临摹作品也达到了很高的艺术境界，对壁画中的细节描绘得非常到位。他们夫妇二人"文革"的时候被遣返回四川老家务农，"文革"结束后又回到了敦煌，在敦煌一辈子，用自己的力量一点一滴地为敦煌事业作出贡献。史苇湘先生发表过很多学术论文，后来辑成《敦煌历史与莫高窟艺术研究》一书出版。欧阳老师在退休之后，也写了很多著作，对我们现在的敦煌艺术研究给予很多启发。

我们不能忘记孙儒僩、李其琼夫妇。孙儒僩先生现在已经90多岁了，1946年就到了敦煌。孙先生是学建筑的，过去敦煌艺术研究所里面做文物保护、做工程，都是孙先生指导。李其琼老师画了一辈子的画，她经常对别人说自己就是个"临摹匠"，但她丝毫不觉得临摹逊色于创作，李老师的临摹水平可以说达到了非常高的境界。改革开放之后，敦煌研究院在日本举办敦煌艺术展览，当时都是用临摹品去展示敦煌壁画。很多日本人看到李其琼先生的画后非常惊讶，认为画得比唐朝艺术家还好。

艺术家夫妇还有李贞伯和万庚育老师。说起李贞伯先

孙儒僩（左一）、李其琼和他们的女儿孙毅华（右一）

李贞伯（右）与万庚育

生，大家都觉得他只是个照相的，但是李先生是那个年代，敦煌文物研究所里面学历最高的。他是20世纪40年代中央大学的研究生，专业是美术。他画的画非常好，可到了敦煌后因为工作需要，便承担起了摄影的任务，为我们留下了很多珍贵的影像资料。敦煌研究院摄影工作室就是李贞伯先生建立起来的。李老师还培养出了一些年轻人，如后来成为著名摄影师、甘肃省摄影家协会主席的吴健等。万庚育先生在壁画临摹中积累了很多经验，同时对临摹进行了总结，留下了很多精美的临摹品和论文，对现在的研究有很大的指导意义。

　　贺世哲、施萍婷夫妇，都是学历史的，是搞理论研究出身的。施萍婷老师在解放初期加入志愿军，曾在朝鲜战场上立过功。转业后，她到大学学习历史专业，后来跟贺老师一同来到了莫高窟。1949年以前，莫高窟的工作基本都集中在

贺世哲（左）与施萍婷

美术临摹和研究领域，后来因为贺世哲、施萍婷等老师的加入，敦煌学研究领域大大拓宽了。敦煌文献，院里面也有收藏，但最初没有几个人能说清楚这些文献的内容是什么，施萍婷先生就主持整理研究了院藏文献。施老师在日本访学期间，本着对敦煌事业的使命感，对日本收藏的敦煌文献进行了全方位的调查研究，非常了不起，甚至感动了很多日本人。我们都知道一篇文章叫《打不走的莫高窟人》，就是施萍婷老师写的，这也是敦煌研究院职工必读的一篇文章。贺世哲先生曾主持编纂了《敦煌莫高窟供养人题记》，是研究敦煌石窟必备的工具书，他主要对石窟图像的考证作出了很大的贡献，取得了很多成果，也为今后的学术研究工作奠定了基础。

　　还有科技保护的先驱李最雄先生，他在东京艺术大学取

李最雄（左）与段文杰

得了文物保护学科的博士学位，是敦煌研究院第一位"洋博士"，也是我国第一位取得文物保护学科博士学位的专家。他除了自身在文物的科技保护上刻苦钻研，还带出了一大批年轻的文物保护专家。通过不断努力，他将敦煌文物的保护事业推向了一个新的高度，并将保护工作拓展到了全国各地。像西藏布达拉宫、新疆交河故城等遗址，就是李最雄先生率领敦煌研究院的团队去完成的。

1998年，樊锦诗继任敦煌研究院院长。实际上在20世纪80年代初期，樊锦诗作为常务副院长便一直主持院里面的工作。对于樊院长大家都比较熟悉，她1963年从北大毕业后就来到敦煌工作，从此便一辈子留在了敦煌。这样长期的坚守，其实也是远远超出樊院长预想的。我们刚才讲到，为支持敦煌石窟考古事业，北大宿白先生有个设想，就是每隔3年，派一批考古系学生轮换到敦煌工作。樊锦诗作为第一批学生来敦煌后，因为接下来发生了"文革"，轮换工作便被搁置了。这样，樊锦诗与她的丈夫，在武汉大学任教的彭金章先生分居两地达19年，在这期间他们有了两个儿子，一家几口常常分散在几个地方。当"文革"结束后，武汉大学也想把樊院长调到武汉和彭金章先生团聚，可是遇到了一系列阻碍，一直没能如愿。当然最主要的原因还是樊锦诗院长不愿意离开自己在敦煌的考古事业。最后彭金章先生放弃了武汉大学的工作，主动来到了敦煌，这不但极大地支持了樊锦诗的工作，也是对敦煌事业的奉献。彭老师来院后做了很多扎实的研究工作，并主持开展了莫高窟北区的考古工作，取得了很大的成就。

彭金章（右）在莫高窟北区考古现场

樊锦诗（左）与彭金章　2005年

新的时代总会碰到很多新的问题，莫高窟也不例外。在20世纪90年代末，出现了一股利用文化遗产搞开发的浪潮，一些地方政府追逐商业化，为了发展地方经济，有的甚至要让文物管理单位也捆绑上市。面对当时严峻的形势，樊院长坚持首先要保护好文化遗产，在保护好的基础上才能谈文物开发和利用，反对莫高窟捆绑上市。当时各级政府都想发展地方经济，总想将莫高窟商业化以取得经济效益，给樊锦诗院长很大的压力。樊院长顶着各方压力，最终想到了依据《中华人民共和国文物保护法》，在地方争取制定《莫高窟保护条例》，以此来保证莫高窟得到有效的、科学合理的保护。从20世纪末到21世纪初，樊院长为莫高窟保护条例四处奔走，取得各方支持，最终在2002年甘肃省第九届人民代表大会常务委员会通过了《甘肃敦煌莫高窟保护条例》。这一条例的颁布实施，对莫高窟的保护工作具有里程碑意义，也对全国文物保护起到了示范作用。樊锦诗院长作为一个学者，作为敦煌研究院的负责人，高瞻远瞩，勇敢地担当起时代的责任，这不是一件容易的事情，因为要得罪很多人。但樊院长并不在乎个人的得失，因为这件事并不是为了个人利益，而是为国家文化遗产的保护与传承，所以她坚持了下来。

在樊院长任期内，我们的石窟保护工作也进入了国际合作保护的新时代。在与国际机构开展一系列深入合作的同时，樊院长也对敦煌研究院文物保护工作进行了深入思考，那就是利用科学技术来引领文物保护的发展方向。面对逐渐褪色和剥落的壁画，樊院长提出建立敦煌数字化科学档案，并通过与美国西北大学、盖蒂保护研究所合作，以数字化科技实现对石窟档案的完整储存。这项工作是非常艰巨的，但经过20多年的努力，我们拥有了一个强有力的数字化团队，建立了文物数字化研究所。研究所不仅在不停地开展莫高窟数字化保存工作，而且还支持国内很多兄弟单位的文物数字化工作。

21世纪初，随着旅游事业的发展，越来越多的游客来到敦煌参观，游客的成倍增长加速了莫高窟洞窟壁画彩塑的损坏，樊院长总在想要用科学、合理的办法来控制游客量。2002年开始，在樊院长的推动下，敦煌研究院与美国盖蒂保护研究所合作开展"莫高窟游客承载量研究"项目，最终确定了莫高窟单日3000人次的最大承载量。同时，她也做了关于修建莫高窟数字展示中心来缓解莫高窟旅游开放与文物保护间的矛盾的提案，并在2003年全国政协会上提交。通过10年的努力，2014年最终建成了莫高窟数字展示中心，大大缓解了莫高窟文物保护压力，提升了洞窟承载量和游客参观体验感。由于有了数字展示中心，改变了游客参观模式，游客承载量也因此得以提升到单日6000人次，较为合理地解决了文物保护与旅游开放间的矛盾。

樊院长以她高尚的品德，在国际交往中赢得了国际国内友人广泛的支持。比如我们与美国盖蒂保护研究所合作时间长达30年未曾间断，这在盖蒂保护研究所国际合作历史上也是唯一的。樊院长坚持把国际机构的资助、支持全部投入研究和保护工作中去，丝毫不为己谋私利，甚至自己作出奉献，目的即在于把研究的课题做好，把保护工程做好，以实

樊锦诗与美国盖蒂保护研究所的专家讨论文物保护问题　2016年
（左起：林博明、樊锦诗、玛莎、阿根纽）

实在在的成绩赢得国际机构的信任。这是我们在国际合作中取得成功的关键。樊院长始终把敦煌事业放在第一位，她经常说的一句话是"我个人算不上什么，敦煌石窟才是最伟大的，我这一辈子能为敦煌事业作点贡献是我的荣幸"。樊院长以实际行动，感动了国内外的很多人，她本人被评为"感动中国"人物，并荣获"文物保护杰出贡献者"国家荣誉称号，是当之无愧的。

如何发扬"莫高精神"，把敦煌事业进一步推向前进

时至今日，我们依然坚持在充分保护文化遗产前提下的合理利用。当然，在今后很长一段时期内，莫高窟文物保护与旅游开放依然是一对比较突出的矛盾。习近平总书记在讲话中也明确提到了文物保护要与科技结合起来，为我们文物保护利用指明了方向。最近我们联合华为、腾讯等科技企业做出了许多有意义的尝试，也取得了很好的效果。可能"窟内壁画窟外看"是今后文物保护利用的一个方向，尽可能地让游客看得更好，看得更多，这也是我们建立数字展示中心二期工程要考虑的一个问题。

现在敦煌研究院管理着甘肃省6处石窟（敦煌莫高窟、西千佛洞、瓜州榆林窟、天水麦积山石窟、永靖炳灵寺石窟、庆阳北石窟寺），其中3处是世界文化遗产（莫高窟、麦积山石窟、炳灵寺石窟）。这是甘肃省委、省政府对我们的信任，也是我们面临的一个挑战。6处石窟的保护工作任重道远，这将是长期的、艰苦的工作。我们下一步要让东三所（麦积山石窟、炳灵寺石窟、北石窟寺）尽快实现预防性保护，要在保护科学基础研究方面更加深入。除了要完成6处石窟的文物保护工作外，还要进一步在国内外推广我们的保护科学技术，支持全国乃至国外的石窟和土遗址保护研究。

在研究方面，我们现在的基本研究还做得不够，敦煌本体研究还有待系统拓展，敦煌文化的价值体系还需要深入挖

掘，丝绸之路中外文化交流史等方面的研究，特别是"一带一路"文化交流融合研究还有待开展。

在文化弘扬方面，面对时代发展的新形势，我们一定要结合最新科技，创新文化弘扬方式，讲好敦煌故事，让更多的人了解敦煌，让敦煌文化走向世界。

服务保障方面，我们的管理、总务、后勤等部门，都承担着这个时代的使命。可能管理服务部门的工作都是微小的、琐碎的，但也是敦煌文化遗产事业发展中的重要组成部分。敦煌事业好比一栋大厦，我们每个人都在为大厦的修建添砖加瓦，贡献着自己的力量。

今天我们讲"莫高精神"，就是要学习老一辈莫高窟人的崇高精神。我们刚才讲到常书鸿先生、段文杰先生、樊锦诗先生的一些事迹，他们只是众多莫高窟人中的突出代表。敦煌事业并不是一两个人的努力就可以实现的，而是在以常书鸿、段文杰、樊锦诗为代表的莫高窟人的带动和感召下，通过一代又一代人的努力发展起来的。我们每个人都应该学习并弘扬前辈们"坚守大漠、甘于奉献、勇于担当、开拓进取"的"莫高精神"，只有这样，才能将我们的事业不断推向前进。

（2020年在敦煌研究院干部教育培训课上的讲演）

探寻中国传统艺术之根

——韩乐然对克孜尔壁画的临摹与研究

1946年4月中旬，韩乐然到了乌鲁木齐（当时叫迪化），开始了对新疆的考察，他先在吐鲁番一带进行考察，于5月下旬到了库车，开始对克孜尔石窟等地进行调查和临摹工作。第二年，韩乐然再次到新疆克孜尔等地。在两次赴新疆的旅途中，他除了创作大量的人物风情写生作品，还进行考古发掘和壁画临摹。

也就在考察新疆的前后，他还两次到敦煌莫高窟进行壁画临摹。1945年10月，韩乐然第一次到敦煌，作了短暂考察。1946年10月，韩乐然偕夫人和儿女第二次到敦煌，住了十多天，临摹了不少壁画，并受常书鸿先生的邀请，在敦煌艺术研究所作了《克孜尔千佛洞壁画特点和挖掘经过》的报告。后来常书鸿在《怀念画家韩乐然同志》（《社会科学战线》1982年第4期）一文中回顾了这些难忘的经历，十分怀念与韩乐然的友谊。应该说常书鸿与韩乐然，这两个画家有很多共同点。在20世纪20年代末到30年代中期，常书鸿在法国留学时，韩乐然也到法国学习油画（1929年）。他们都在法国留学较长时间，充分学习和掌握了西方绘画的真髓，又都在抗日战争全面爆发前后，先后回到了祖国。而回国之后，虽然两人有着不同的经历，但后来又都把注意力集中到了西北的石窟艺术。

两个学西画，而且都颇有功力的画家，为什么在回国后不约而同地关注着中国西部的石窟壁画艺术呢？是什么东西吸引着他们？

从现存韩乐然的遗作来看，新疆和敦煌壁画的临摹品共有36件，在全部200多幅作品中似乎所占比例不大[1]，但如果注意到他的人物、风景作品大部分都是表现西北的地方和民族风情这些主题，就可以看到韩乐然的艺术，正是在努力表现着两个主题：一个是长期以来被遗忘了的中国传统文化，另一个是西北地区淳厚的民风。他曾经有新疆考古的五年计划和建立西北博物馆的宏伟设想，所以他两次到新疆，对克孜尔等石窟进行了艰苦的考古调查工作，并临摹了不少壁画，为新疆的考古和中国文化艺术的振兴作出了不可磨灭的贡献。由于韩乐然的突然遇难，由他所整理、记录的大量资料也同时损失，他的调查研究成果世人不得而知。但是，他为我们留下了200多幅作品，为我们展示了他的艺术成果与艺术思考。

从1946—1947年韩乐然发表的文章中可以看出，最初韩

①据刘曦林《血染丹青路——韩乐然的艺术里程与艺术特色》(《石破天惊——敦煌的发现与20世纪中国美术史观的变化和美术语言的发展专题展》，广西美术出版社，2005年)的统计，韩乐然作品共有219件（中国美术馆藏135件，家藏84件），其中克孜尔石窟壁画和敦煌壁画临摹品共36件。

乐然到新疆，是为了画边境人民的生活，为艺术创作提供素材。但是到了新疆，他禁不住大量古代艺术的诱惑，开始投身对古代艺术的考古和临摹工作中来。[①]

韩乐然自画像

实际上，在欧洲的时候，他已对一些帝国主义国家的探险家对新疆等地的盗掘与劫掠情形有不少了解。这一点从他在克孜尔石窟留下的题记中就可以看出，他

在题记中说："余读德勒库克（Von-Le Coq，通译为勒柯克）著之《新疆之文化宝库》及英斯坦因（Sir Aurel Stein）著之《西域考古记》，知新疆蕴藏古代艺术品甚富，随有入新之念。"（此题记见于克孜尔石窟第10窟）至少说明了韩乐然在欧洲期间已经读过了德国人勒柯克的《新疆之文化宝库》和斯坦因的《西域考古记》这两本书。看到欧洲的探险家在中国掠走的宝物，作为一个中国人，将充满怎样的痛切之心，是可以想象的。同样是画家的常书鸿当年正是在法国看到了伯希和从敦煌盗走的大量古代绘画，而激起了强烈的爱国之心，从而决定到敦煌进行艺术考察和研究工作。[②]另一位著

---

① 韩乐然：《新疆文化宝库之新发现——古高昌龟兹艺术探古记（一）》，《缅怀韩乐然》，民族出版社，1998年。

② 常书鸿：《九十春秋——敦煌五十年》，浙江大学出版社，1994年。

名画家滕固在20世纪30年代曾在柏林游学，后来在《西陲的艺术》一文中写道：

> 西陲的探险，严格地说，自前世纪末至今世纪，凡四五十年之中，俄国、英国、德国、法国及日本，屡次派队前往，掠取珍贵的文物而畀归于其国家。虽然凭借他们的这种壮举，使我们对西陲的认识，日益增加光明，但我们反省起来，真觉得奇耻大辱。第一，在我们的版图内的边徼要地，为什么让他们任意角逐？第二，这种学术的探险工作，我们为什么不抢先去做？我们可以从酣梦中醒过来了，我们应该赶上前去，洗雪这被侮辱的奇耻。①

这说明那个时代留学欧洲的中国画家们对传统文化的感情，有着相似的思想基础。而在那样的时代，真正身体力行，冒着各种艰难险阻而到西北去的，依然只是为数极少的人。韩乐然就是其中的人物之一。在韩乐然留下的为数十分有限的文字记录中，我们仍然可以看出他对外国人从新疆石窟盗走壁画是充满愤恨的，而对壁画中体现出的中国文化精神又充满了自豪之感。

他在《克孜尔考古记》中写道：

---

①晁华山：《二十世纪初德人对克孜尔石窟的考察及尔后的研究》，《中国石窟　克孜尔石窟》第三卷，文物出版社，1997年。

不要说在我国，就是在世界上也难找到这样的佛洞……在那个时候他们已注意到光的表现和透视，最完美的就是他们人体的描画不唯精确，而且美，有几个没画佛的画洞里，上面绘有人体解剖图，骨骼的、肌肉的都有，看样子像传授似的，可证明当时画画的人不是普通的画匠，而是有思想有训练的信徒们，所以在每幅画上都能笔笔传神，并且能表现他们的宗教思想和哲学基础，这些作品是有着高尚价值的。[①]

韩乐然正是在这种强烈的爱国主义精神与民族自豪感的支持下，在极其艰苦的条件下开始了对克孜尔石窟的调查研究与临摹工作。首先是对石窟的编号，虽然德国人勒柯克在克孜尔石窟做了很多考察，但是他们没有进行过科学的编号，而是根据洞窟壁画中出现的一些有特征的形象来给洞窟命名，如壁画中有画家的形象，就命名为"画家窟"，壁画中有伎乐形象者就命名为"音乐家窟"，等等。作为中国的学者，韩乐然是第一个给克孜尔石窟编号的，他编的窟号有75个（他主要是对有壁画内容的洞窟编号，与现在的考古编号不同），在他第二次到克孜尔石窟时，又从原编号第13号窟下面发掘出一个洞窟。编号以后，他有计划地对这些洞窟进行临摹和研究工作，包括记录、摄影和挖掘。并在洞窟（现编号第10窟）中留下了文字题记，希望后来参观的人们对石窟多加爱护保管。

---

①韩乐然：《克孜尔考古记》，《缅怀韩乐然》，民族出版社，1998年11月。

韩乐然在新疆做了大量的考古研究和壁画临摹工作，积累了很多第一手资料，可惜的是，对克孜尔石窟所作的考古记录没有流传下来，这一段艰苦创业的成果没能得以发扬光大。他留下的壁画临摹品，就成为我们认识和了解韩乐然艺术追求和成就的重要资料。

　　在韩乐然简略记述的文章中，可以看到克孜尔石窟壁画中首先引起他的注意的，一是人体解剖的精确，二是色彩的灿烂。这些问题，在那个时代，无疑是受过欧洲美术教育的人首先会意识到的。因为在当时的很多人看来，中国画都是不讲究人体解剖的，不善于表现色彩的。所以，当他们从欧洲回来，看到了壁画中这样丰富地表现人物、表现色彩的作品，心中该是何等的激动。这一点从韩乐然的临摹品中同样可以感受到。

　　韩乐然克孜尔壁画临摹品中，一个重要的特点就是他喜欢选取那种能够完整地表现人体结构的画面，特别是通过晕染法表现出人体的立体感的那些形象。如他临摹的第80窟菩萨，前面（右侧）的一身菩萨上身半裸，双手合十，下身虽穿长裙，但裙子薄而透明，衣纹贴体，整个身体结构都显露出来，除了身上的璎珞和飘带外，几乎可以看作是裸体的形象。而壁画中表现出的西域式晕染法，把身体自然的结构完美地表现出来。后面一身持花的菩萨虽然有完整的衣饰，但也是衣纹贴体，人体结构也清楚地展现出来。对照原壁的壁画，韩乐然显然有意在强调身体的特征，在菩萨半透明的裙子下展示的腿部，从色彩上与上半身联系在一起，这种有别于欧洲传统的那种裸体形象，却同样反映出人体艺术之美。

韩乐然临摹的克孜尔
石窟第80窟菩萨

同时，画家还在提醒我们不能忘记这些壁画人物形象中，同样有类似欧洲传统绘画那种表现体积感、力量感的技法。这在另外几幅表现佛和菩萨形象的画面中我们也可以看到。如《树下比丘像》（克孜尔石窟第172窟），表现的是在佛涅槃时，一位佛弟子在树下默哀的情景，比丘的左手扶在右肘上，右手仿佛正要抚摸头部，这预示着一个小小动作的瞬间，更使画面充满静的情调。而在凝静的气氛中，比丘浑圆的身体，两臂以及袈裟下露出的双腿都充满着力量感。类似的表现，在《比丘像》和《菩萨立像》等临摹品中同样可以见到。

克孜尔壁画灿烂的色彩也是韩乐然十分喜爱，并努力表现的一个方面。他以油画细腻的表现力临摹那些色彩丰富的壁画，从中我们不难体会到画家对色彩的感受力。如《猕猴献蜜与大光明王本生》（第 38 窟），在绿色调为主的画面中，描绘的是两个故事：大光明王本生和猕猴献蜜。[①]在原壁上这两个故事没有紧靠在一起，但画家从画面设计考虑，把两者组合在一起了。特别是画面左侧深绿色背景象征着山与树的风景，远处的浅绿的底色中还有两只孔雀，好像是在草地上自由地漫步。画家表现出色彩的不同层次变化，使画面显得充满了生机。这一点在第 8 窟飞天和第 67 窟菩萨像中也同样体现出

韩乐然临摹的克孜尔石窟第8窟飞天

①大光明王本生故事内容：大光明王得一雄象，令象师训象，象师调教后，国王试乘。此时，雄象见雌象便狂奔不止，王急抓树枝才免于难。国王怒责象师，象师说，他只能调象之身，而不能调象之心，唯有佛才能调众生之心。国王感悟，开始礼佛。参见姚士宏《克孜尔石窟本生故事画的题材种类》（《敦煌研究》1987年第4期）。"猕猴献蜜"讲的是佛在说法时，猕猴要走了佛弟子的钵，蹦蹦跳跳到树林中去，不久端来了一钵蜂蜜，献与佛，佛令猕猴去除污物，然后添水，让众弟子饮用。参见《中国石窟　克孜尔石窟》第二卷，文物出版社，1996年。

来。第8窟的伎乐飞天，原壁本来也是色彩明亮而灿烂的，在韩乐然的笔下，不拘泥于细部刻画，而把着眼点放在色彩的丰富性以及由此而产生的无限活力上，使之表现得更为充分。

《禅僧与乐伎》这幅作品，是对克孜尔石窟第118窟壁画进行重新组合而临摹的。画面中主要的三个要素：抓着猴子的老鹰、弹奏琵琶的乐伎、在山中坐禅的僧人，三者本来不是紧靠在一起的，但画家巧妙地把三者组合在一起，同时，在乐伎上部右侧方形池水中长出的一棵树和左侧圆形水池畔的两只小鸟，都被分别从不同的地方移植过来。沉着的赭色和棕黄色，具有厚重和稳定的气氛，其中又有明亮的绿色和白色，使画面充满了音乐感，表现出一种浪漫的情调。

对色彩的重视，在对敦煌壁画的临摹品中同样体现出来。韩乐然在敦煌的时间并不多，不可能临摹很多作品，他选择了北魏第257窟的《沙弥守戒自杀故事》中的"受戒"和"乞食"两个场面，以及须摩提女因缘故事中"迎佛"的场面。这几个画面都是以土红为底色的，画面庄严，气氛隆重。韩乐然的临摹品强调了这种厚重而庄严的色彩感。

对人物形象的追求还表现在对充满动态的飞天等形象的表现。飞天的特点在于轻快地飞动的精神，体现着中国传统艺术的线条美。这一点并非油画的特长，所以，韩乐然较多地采用轻快的水彩来表现飞天。克孜尔石窟的飞天，他主要临摹的是第196窟壁画上的，这些飞天或手持乐器在演奏，或托果盘而飞翔，造型简练、体态生动。而敦煌壁画中的飞天往往拖着长长的飘带，体态柔美，婀娜多姿。画家充分掌

韩乐然临摹的莫高窟第257窟剃度图

握这两类飞天的特性，对敦煌壁画中的飞天，强调其身姿、
衣服与飘带形成的线条之美，用色也鲜艳而明净。如第321
窟初唐时期的飞天，画家临摹了两幅，说明对这幅飞天有着
浓厚的兴趣。壁画中的原作飞天身体大都变黑，但深蓝色的
底色中衬托着飞天白色的长裙和蓝绿色相间的飘带，依然显
示着初唐绘画那种绚丽而轻快的风格。画家正是充分把握了
这一精神，以明亮的色彩、流利的线条反映出这个飞天的艺
术特点。另外，他临摹的北魏第251窟的飞天，表现出北魏
时期那种动态强烈而充满力感的特色；第435窟弹奏琵琶的
飞天，表现出西魏时期体态轻秀、造型单纯而富于装饰性的
特点；第290窟的两身伎乐飞天，则反映出北周到隋代飞天
身体轻巧而又动感较强的风格；等等。这些都充分说明了韩

乐然对不同时期飞天艺术从精神实质上的把握。

20世纪以来，中国的美术发展是在矛盾与冲突中艰难地前进的。中国传统艺术的真髓在哪里？中国现代艺术向哪里发展？民族艺术的精神是什么？等等。这些时代特有的问题无边无际。在艰苦的探索中，一些有识之士终于从西北的敦煌、新

韩乐然临摹的莫高窟第435窟飞天

疆等地看到了其中蕴藏着的深厚的文化艺术内涵，不论是专学国画的张大千，还是留学欧洲的常书鸿、韩乐然，以及王子云、关山月等，他们都殊途同归，走向了西北，从中发现了中国传统艺术的一个广阔的天地。

作为时代的先驱者，韩乐然独自到新疆考古，认识到了"新疆在古代东西文化交流史上应当占重要的地位及汉族文化影响新疆人民的年代之久远"。他大声疾呼："为了证明人类文化及东西文化的交流史和写一部正确的新疆史，希望全国上下，文化界应当注意尽早实现有计划的、大规模考古工

作的展开。"①与此同时，他还为我们留下了数十幅壁画临摹品，在一定程度上反映了他对克孜尔和敦煌壁画的理解和认识。他注意到了新疆壁画在光和色彩的表现、人体艺术的表现上的重要意义，在他的一些文章中强调了这一点，同时也以他的临摹品表现了这些特点，为龟兹石窟艺术的研究工作开了先河。常书鸿在文章中除了赞扬韩乐然"纯熟洗炼的水彩画技法，已达到了炉火纯青的程度"，还提到了"他的工作成绩，为研究敦煌艺术作出了可贵的贡献"。②这里所说的"贡献"，就是指韩乐然在克孜尔石窟的调查研究工作，对敦煌石窟的研究具有重要的借鉴意义。

（原载中国美术馆、关山月美术馆编《热血丹心铸画魂——韩乐然绘画艺术展》，广西美术出版社，2007年）

---

①韩乐然：《新疆文化宝库之新发现——古高昌龟兹艺术探古记（二）》，《缅怀韩乐然》，民族出版社，1998年。

②常书鸿：《怀念画家韩乐然同志》，《社会科学战线》1982年第4期。

关山月论敦煌艺术的一份资料

敦煌艺术的发现，是在外国探险家从藏经洞大量劫取了宝藏之后，才引起国人的注意的。继1907年斯坦因从敦煌劫取了宝藏之后，1908年法国人伯希和又从敦煌劫取数千件文物。当他把这些宝物从越南运走以后，又带了少量的写经在北京展示给一些中国学者看，当时，王国维、罗振玉、蒋斧等学者才得知敦煌有如此重要的宝藏。他们无不大惊失色，为大量宝藏流失国外而痛惜。在爱国学者们的强烈呼吁下，清政府勉强下令将剩余经卷送至北京。

然而，即便如此，当时中国的官员或学者也没有一人前往敦煌看个究竟。敦煌到底是一个什么样的地方？为什么会在那里发现如此数量巨大的写经和绘画？在写经被外国人拿走后，敦煌还有些什么遗存？——当时的大多数人也许会有这样的疑问，却没有一个人愿意为解答这些疑问而专门去敦煌探险。

20世纪20年代，伯希和编的《敦煌石窟图录》出版。而较多的中国人知道莫高窟艺术也已经是40年代以后的事了。也许正是敦煌艺术对于中国画家的一种强烈刺激，最早亲临敦煌考察的主要是画家。1938年画家李丁陇到敦煌，临摹壁画达八个月。1941—1943年间，张大千率家人和弟子到敦煌进行了有计划的壁画临摹，近两年时间内临摹壁画达200多幅，还对敦煌莫高窟、西千佛洞、安西榆林窟进行了编号，这是自法国人伯希和编号之后，中国人自己对敦煌石窟进行的较为完善的编号，对洞窟内容作了详细的记录。1942年，画家王子云率西北考察团赴敦煌和西北各地进行艺术考察。1944年，画家常书鸿创建了敦煌艺术研究所。1945年，画家关山月、赵望云到敦煌临摹壁画。

可以说在中国，最早突破各种艰难，前往西部的敦煌作实地考察的先驱和中坚力量主要是中国的画家们。正是这些画家们通过临摹品的展览，为广大的内地观众，特别是研究者提供了敦煌艺术的信息，人们才开始认识到敦煌艺术的价值。当时相当多的美术工作者、研究者就是依据画家们的临摹品，并参照国内外出版的图片来考察，来认识敦煌艺术的。比如，陈觉玄发表的《敦煌莫高窟壁画中所见到的佛教艺术之系统》（《风土什志》第五期第一卷，1945年4月），就是20世纪40年代谈敦煌艺术的较有影响的论文，其中写道：

国人注意敦煌壁画者，1920年北京大学陈万里氏前往考察，留住三日，摄影十七幅，见其西行日记中。一九三五年邵元冲西行祭黄帝陵，经过此地，由许师慎摄影四十余幅，编为西北揽胜。近数年来，教育部文物艺术考察团、中央摄影社先后派人西去，摄制影片，尚未付印。私人方面，张大千率其弟子前往，居留两年，用

透明纸钩描，成画百余幅，并印行大风堂临摹敦煌壁画
第一集一册。岭南关山月、吴作人相继前行，各以水彩
临摹数十幅，张氏用还原法（Restoration），除钩描其现
存部分而外，并用想象，将剥蚀部分加以补充，故其画
面完整，色彩鲜明，俨似近代新作。吴氏依现存残余部
分，照原样缩小描写，惜仅二十余幅，每幅也仅有原画
面的一部分。关氏就现存的部分，择其中完好的人物，
用速写法临摹，凡得八十余幅。其剥蚀的部分，则略去
不绘，是一种折中的办法。

关山月于1943年夏偕夫人往敦煌临摹壁画的经过，已有
陈湘波、陈俊宇等先生著文论及，不再赘述。①除了留下八
十多幅敦煌壁画临摹品外，关山月在当时是怎样看敦煌壁画
的呢？以前限于资料，我们对此很难得知。而发表于1945年
的关山月《敦煌壁画的作风——和我的一点感想》（《风土
什志》第五期第一卷，1945年4月）一文则对我们了解当时
关山月的思想认识十分重要。这篇文章共四部分，前三部分
按时代谈了敦煌壁画各期的风格，最后是谈自己的感想。关
山月把敦煌艺术大体分为三个阶段，一是魏代，二是唐代，
三是五代宋元。由于当时敦煌的考古研究尚未全面展开，隋
代以前的石窟，大体以"北魏"来概括。对于第一时期的绘

---

①陈湘波《关山月敦煌临画研究》、陈俊宇《寻新起古今波澜——关山月临
摹敦煌壁画工作的意义初探》，均见《敦煌研究》2006年第1期。

画，关山月列举了第254窟舍身饲虎图、降魔变，第285窟故事画，第257窟故事画以及第428窟等壁画，①来分析这些壁画中的造型、色彩的因素，指出这些壁画"因直接间接感受印度波斯以及罗马希腊的繁杂影响，遂形成所谓'犍陀罗式'。大体看来，许多地方又与野兽派之马蒂斯、比卡索的作风极

关山月临摹的敦煌壁画佛像

接近。……系以东方趣味的结构、混以西方写实的技巧，互相混合，而形成另一种风格；此为中国初期的佛教艺术，其内容与形式，充分表现东西文化交流的特征"。

对于第二个时期（唐代）的壁画，画家提到了第323窟、第329窟故事画中对人物的表现，第172窟、第217窟的经变画，第156窟的宋国夫人出行图等画面，认为"到了唐代，文化更加发达，外来的文化既经尽量吸收而至于溶化，

---

①关氏用的是张大千编号，与现编号不同，本文为读者方便起见，均改为现在通行的敦煌研究院编号。

继而充分表现东方独具的性格和它的精神。唐洞的壁画不像魏代之趋向于西方的形式，犍陀罗的痕迹很少，在人体方面，已全备东方民族的体格，身短而圆而胖，不像魏画之鼻高眼长脸瘦而尖。其用色亦由浓厚的渲染、单纯的色调而变成轻快的线条和富丽的色彩；至于结构亦由简要而变为紧严和繁富"。

至于第三个时期（五代宋元），关山月认为较沉闷，可取的地方很少。

关山月对敦煌壁画的评论，虽然表现出画家个人的一些兴趣所在，但总的来说，是比较精当的，他所注意到的洞窟，也正是各时代最有代表性的洞窟。

关山月在谈到观摩敦煌壁画后的感想时谈到两个方面，一是对敦煌艺术的认识，感到敦煌艺术包容了各时代的艺术，"可以称为一本极有系统的中国美术史"。二是对中国绘

关山月临摹的敦煌壁画鞍马图

画创作充满了信心。因为他看到了一千多年前的敦煌艺术就是在广泛吸收外来影响后，逐步形成了有自身特色的艺术体系。也就是说，要以开放的心态去吸收外来营养，才能促成一种强大的民族艺术。这一点也正是20世纪30至40年代很多中国画家十分关心的重大问题。当时的美术界一方面对明清以来文人绘画传统普遍失望，另一方面又对盲目地引进外国艺术有一种抵抗的心理。敦煌的发现，使人们认识到中国本来有着十分宏伟的绘画传统，无疑给中国的画家们树立了强有力的信心。

从某种意义上来说，敦煌艺术对近半个世纪以来中国绘画的发展产生了深刻影响。关山月等画家早期前往敦煌临摹壁画并介绍给世人，对中国现代绘画发展的推动意义是不言而喻的。

【后记：2005年，关山月美术馆举办了"敦煌的发现与二十世纪中国美术史观和美术语言的发展"展览，同时举办了学术讨论会。《敦煌研究》2006年第1期刊登了相关学术论文。敦煌研究院施萍婷研究员读了这一期《敦煌研究》，即告知笔者，她藏有一份关山月发表于1945年的有关敦煌的文章，现在的研究者没有提到过。她将所收藏的1945年出版的《风土什志》第五期第一卷捐赠给关山月美术馆，希望介绍于世，供广大读者参考。本文即是在读了这一份旧杂志后草成。在此对施萍婷老师无私的学者情怀深表敬意和谢忱。】

（原载关山月美术馆编《时代经典——关山月与20世纪中国美术研究文集》，广西美术出版社，2009年）

姜亮夫先生《莫高窟年表》的启示

　　我虽然没有机会亲耳聆听姜亮夫先生的教诲，但我在上大学的时候就读到了姜亮夫先生的著作。可以说是姜先生的著作引导我进入了敦煌学的领域。20世纪80年代初期，敦煌学的著作很少，面向一般读者讲敦煌文化的书更难看到，我却在图书馆找到了姜先生的著作《敦煌——伟大的文化宝藏》。后来又读到了潘絜兹先生的《敦煌莫高窟艺术》，这两本书对我后来的人生产生了重大影响。从姜亮夫先生的书中，我一下子看到了敦煌文化这个无限广博却异常奇妙的世界，它是那样强烈地吸引着我，使我对敦煌充满了兴趣。同时，从这本书中我也了解到那个时代我国的敦煌学研究还十分不够，需要有更多的人参与。因此，从北京师范大学毕业后，我就一意孤行地奔向敦煌，开始了敦煌石窟的研究。三十多年过去了，现在回想起来，姜亮夫先生的著作为我打开了一扇通往敦煌的大门。

　　国学大师姜亮夫先生在学术上的贡献是多方面的，敦煌学研究只是其中之一。我主要研究敦煌艺术，从这方面谈一点体会。姜先生并非研究艺术和考古的专家，但他对学术研究的基本规范有一个全局的把握，而且他做了很多开创性的

《莫高窟年表》封面

工作。《莫高窟年表》是姜先生结合敦煌文献与石窟研究方面的重要著作。这部著作给我们的启发主要有两个方面：

敦煌文献与敦煌石窟结合的研究方法

对某地的出土文物或遗址遗物作考古研究，应该联系当地的历史文化等诸多因素进行综合考察分析，这是考古学研究的一个基本方法，对于敦煌石窟也不例外。但是，由于敦煌藏经洞出土文献极其浩瀚，而石窟艺术内容也极其广博，一般的学者难以穷尽，研究石窟者不一定去研究敦煌文献，而研究文献者不一定了解石窟问题，因此，能够把两者结合起来综合考虑的学者并不多。姜亮夫先生《莫高窟年表》则是以年表的形式，把有关敦煌文献的编年与敦煌一地的历史、石窟营造历史编年联系在一起进行的编年，这样就为学术界提供了一个综合了解敦煌文献、敦煌石窟、敦煌地方史的工具。后来日本学者也曾做过写本文献的编年，文献资料方面更详尽了，却放弃了敦煌石窟方面的内容，恐怕也是觉得无法兼顾二者吧。做编年是一项十分艰巨的工程，而且需要具有较深的学术修养才能做好。姜先生由于对敦煌文献的调查积累了非常丰富的资料，并对很多文献有着深入的研究，他的编年对今天的学术研究仍然具有重要的参考意义，从研究方法上，也为我们后辈学人指出了一条科学的路径。

注重历史文化整体，不孤立地看待历史现象

《莫高窟年表》分为"表前""正表""表后"三项内容。"正表"是敦煌文献和敦煌石窟的编年。"表前"阐述了敦煌石窟营建之前的历史文化。"表后"则是莫高窟营建结束之后的历史。这样就使我们对莫高窟的营建和大量敦煌文献产生的历史背景有了一个全面的认识。任何一个文化现象都不会是孤立地产生的，必然有它形成的土壤和气候条件。敦煌文化也是如此。不了解汉代以来敦煌地方文化的背景，就不能正确认识敦煌文化。姜亮夫先生深刻地剖析了两汉以来儒学文化对敦煌的强大影响，认为敦煌石窟文化是植根于中华传统文化基础上的佛教文化。佛教虽然是从印度传来的，佛教艺术最初也受到印度和中亚的影响，敦煌石窟营建的初期，接受了外来艺术的影响，但随着强大的中原文化影响，敦煌石窟的发展完全不同于印度和中亚的艺术，而是富

有中华文化精神的佛教艺术。对敦煌石窟性质的定位，是姜亮夫先生总体把握敦煌文化，以深邃的文化功底而作出的结论，对我们认识敦煌石窟艺术具有重要的指导意义。

另外，《莫高窟年表》还在"附录"中记录了与莫高窟相关的丰富资料，如《敦煌寺名录》记录了见诸敦煌文献以及敦煌壁画题记的寺院五十多个，并列出相关资料，为后人的研究提供了十分重要的线索。这些资料都是基于姜亮夫先生勤奋收集的成果，为我们后学树立了楷模。据姜亮夫先生的序，《莫高窟年表》本来于20世纪40年代即已完稿，50年代初期与出版社商定出版，却因各种原因未能实现，直到"文革"结束，1985年才得以出版。尽管如此，该书出版以来对学术界也产生了重要的影响。此后，1987年姜亮夫先生的《敦煌学论文集》出版，其中的附录部分，除了《敦煌经卷壁画中所见寺观录》外，还增加了《敦煌经卷壁画中所见释氏僧名录》《敦煌经卷题名录》，这些资料使我们在遇到有关敦煌的古代僧人或寺观名时，可以很便利地查到相关资料，极大地方便了研究工作。这可以说是"前人栽树，后人乘凉"，功德无量的事。

因学识浅薄，难以遍读姜先生的著作，仅就自己专业相关的方面读了一些先生的著述，已有"仰之弥高，钻之弥坚"之感。

（原载《昭通学院学报》2017年第3期）

081

樊锦诗先生的学术贡献

樊锦诗先生是学考古学专业的，1963年从北京大学毕业后奔赴敦煌，开始了敦煌石窟研究的生涯，至今已六十余年了。1977年，樊锦诗任敦煌文物研究所副所长。1984年，敦煌文物研究所扩建为敦煌研究院，樊锦诗先后担任副院长、常务副院长，1998年任敦煌研究院院长，2014年任敦煌研究院名誉院长。2007年被聘

樊锦诗

为中央文史研究馆馆员，历任第八、九、十、十一、十二届全国政协委员，并先后在兰州大学、东华大学、浙江大学等高校担任兼职教授和博士生导师。樊锦诗先生把毕生的精力都贡献给敦煌石窟保护和研究事业，她不仅在敦煌石窟考古和文化遗产管理方面取得重大的研究成果，而且率领敦煌研

究院努力寻求文化遗产保护和开放的原则和科学规律，为敦煌石窟的管理探索出了一条行之有效的道路，解决了文物保护与旅游开放的矛盾，为敦煌莫高窟永久保存与永续利用找到了根本途径。樊锦诗先后荣获"全国先进工作者""感动中国人物""改革先锋"等荣誉称号，2019年，荣获"文物保护杰出贡献者"国家荣誉称号。

樊锦诗先生在学术上的贡献主要体现在两个方面：一是对文化遗产的保护、管理与开放等的研究，二是对敦煌石窟考古学的研究。

文化遗产的保护、管理与开放的研究

敦煌文化遗产是一个相当复杂的存在，它体量大，占地广，历史悠久，构成复杂。除了石窟建筑、彩塑和壁画的本体外，还与周边的自然环境相关，牵涉人文与生态等方面的问题。从1987年开始，我国陆续有不少文物单位被列入世界文化遗产的清单，但直到目前，国内对如何保护和管理文化遗产还缺乏深入研究和系统理论。长期以来，樊锦诗始终执着地思考着对敦煌莫高窟这一人类文化遗产的保护管理问题，探索着应采取什么样的标准和模式来进行保护、开放等。敦煌石窟的保护走过了近80年的历程，20世纪40年代，敦煌艺术研究所成立之初，莫高窟由于长期无人管理，保存状况极差，工作人员不得不先清理洞窟内的大量积沙，建造简单的台阶和栈道，修筑围墙、设立窟门以防止人为破坏。当时，上层洞窟大多没有通道，靠临时搭梯子上下，保

樊锦诗（右三）与中外专家们在莫高窟第85窟讨论保护对策

护工作极其艰苦。20世纪60年代，在中央人民政府的大力支持下，莫高窟进行了大规模的崖体保护工程，以花岗岩挡墙对崖面作了抢救性的保护工程，洞窟的安全得到了根本的保障，新建的栈道连通到每一个洞窟。20世纪80年代以后，敦煌研究院的工作人员开始与国内外的学术机构合作，通过先进理念和现代科学技术对壁画的病害进行修复治理。如今，敦煌石窟的保护工作已进入科学保护的阶段。

樊锦诗先生从文化遗产管理出发，在保护理念、法规、原则、石窟保护的发展方向等方面提出很多指导性的意见，形成了新形势下的文化遗产保护的科学理论，这些理论对于我国仍处于发展阶段的文化遗产保护工作具有重要的参考价值。

1997年，国家文物局与美国盖蒂保护研究所、澳大利亚遗产委员会合作，集中了文物保护方面的专家，共同研究并制定了《中国文物古迹保护准则》。这是首次按国际标准，结合中国的国情，以科学的理念进行文物古迹保护的法律性文件。樊锦诗先生作为文物专家参与了《中国文物古迹保护准则》制定工作，也是把"准则"积极地应用于敦煌石窟保护工作的领导者和实践者。

在樊锦诗先生的主持和领导下，敦煌研究院联合美国盖蒂保护研究所、澳大利亚遗产委员会共同研究、制定了《敦煌莫高窟保护与管理总体规划（2006－2025年）》。这是全面体现《中国文物古迹保护准则》精神，并结合敦煌石窟的具体情况而编制的一份保护与管理规划。它与普通的工作规划不同在于其以敦煌石窟的保护管理为中心，以科学的发展观，对敦煌石窟这一文化遗产的保护和利用作了规范，将敦煌石窟文物的保护与管理、敦煌学研究、旅游开放、基础设施建设、人才队伍建设等重要工作都置于有计划、有步骤的科学规划之中。规划的制定和颁布，建立起敦煌石窟文物保护工作的科学模式，也培养和引导广大文物保护专业人员形成了科学保护理念。

在敦煌研究院的保护和旅游开放等具体工作中，樊锦诗先生还主持制定并实施了一系列的规章制度，如洞窟开放参观制度、工作人员使用洞窟制度、院级科研课题制度、人才培养制度等，做到各项工作有章可循。敦煌研究院的工作，曾被党和国家领导人誉为"我国文物有效保护、合理利用和精心管理的典范"。樊锦诗率领敦煌研究院的工作人员制定总体规划的过程中，不仅对敦煌石窟的"遗产构成"进行了深入调查分析，对价值和保存现状等方面进行了评估，并提出相应的对策体系，提出了短期、中期和长期的保护发展规划，而且对文化遗产保护与管理的理念进行了多方思考，得出了深入的认识。

21世纪以来，樊锦诗先生发表了一系列论文，如《基于文化遗产价值的世界文化遗产地的管理与监测》《敦煌莫高窟的保护与管理》《〈敦煌莫高窟保护与管理总体规划〉的制定与收获》《〈中国文物古迹保护准则〉在莫高窟项目中的应用——以〈敦煌莫高窟保护总体规划〉和〈莫高窟第85窟保护研究〉为例》等。这些文章是在长期保护管理工作实践基础上形成的，凝结着以樊锦诗为首的专家们对敦煌石窟保护管理科学的深入思考。它不仅对敦煌石窟这样的大文化遗址保护管理工作具有指导意义，而且对全国各地遗址的保护与管理具有积极的影响。

基于我国与西方发达国家在文物保护上存在的差距，从我国实行改革开放以来，樊锦诗积极谋求敦煌石窟保护管理工作的国际合作，为选择合作伙伴、提出合作项目付出了大量心血。她先后发表了《敦煌莫高窟的保护与国际合作概要》《开展国际合作，科技保护敦煌》《敦煌石窟的国际合作》《共同呵护人类遗产——敦煌莫高窟保护的国际合作模式》等文章。在她主持下，敦煌研究院先后与日本、美国、澳大利亚、英国等国的科研机构开展了一系列合作项目，如莫高窟壁画病害及治理、莫高窟环境监测与评价、莫高窟风沙治理、莫高窟壁画颜色褪化的分析监测、敦煌壁画的计算机存贮与再现、莫高窟游客承载量研究等项目的合作研究，取得了一批成果。其中与美国盖蒂保护研究所经过8年合作完成的"莫高窟第85窟壁画保护"项目，不仅解决了第85窟的酥碱、空鼓、病害及壁画保护修复的技术难题，而且建立了壁画保护修复的科学程序和科学工作方法，获得2004年度国家文物局文物保护科学和技术创新二等奖。多年的国际合作保护，使敦煌研究院的保护和管理人员吸取了国际上关于文化遗产保护和管理的先进理念和经验；引进了国外先进的仪器设备，建起了一流的保护实验室；学到了国外先进的保护科学技术和工艺；培养了一批高素质的青年业务骨干。国际合作保护使敦煌研究院的保护研究逐步与国际接轨，达到一个新的高度，成为我国文化遗产保护国际合作的成功典型。

樊锦诗在长期的管理工作中，深深地认识到科学管理的重要性。她发表的《敦煌莫高窟的保护与管理》《依靠科技与法制，做好敦煌石窟的保护管理工作》等论文是她对如何科学地保护、管理敦煌石窟理性思考的成果。多年来，她带领全院职工，经过艰苦探索和不懈努力，把敦煌文化遗产的科学保护、管理推向了法治化和规范化的轨道。在社会经济发展中，文物保护遇到了前所未有的新情况、新问题，大规模的基础建设和旅游开发与文物保护不可避免地产生了矛盾，亟须用法律、法规的手段来规范。樊锦诗先生发起并积极组织起草了《甘肃敦煌莫高窟保护条例》，经甘肃省第九届人大常委会第三十一次会议通过，于2003年3月1日起施行。这是一部针对世界文化遗产保护的专项法规，不仅规定了莫高窟的保护对象、范围，保护应遵循的方针和原则等，还明确了各级政府、文物部门和其他相关机构及公民的职责、权利和义务，涵盖了莫高窟保护管理工作的所有方面。《甘肃敦煌莫高窟保护条例》的颁布，为莫高窟的保护与管理工作提供了强有力的法律保障，也为此后全国文化遗产地出台相关的"条例"提供了典范。

今天，文化遗产的保护与管理面临的一个重要问题，就是旅游开放与保护的矛盾。作为人类文化遗产，通过旅游开放等方式可以传播其文化价值，发挥其社会功能，可以使人们享受到古代文化艺术的成果，从中获得知识或艺术灵感等，达到"以文塑旅，以旅彰文"的目的。但是由于古代文化遗产大都比较脆弱，过量的游客聚集，造成小环境中温度、湿度和空气质量等方面的变化，破坏了文化遗产原有的环境，从而不同程度地对文化遗产本体造成损坏。莫高窟的旅游开放就是一个典型的案例：洞窟的空间有限，通风条件不好，当窟内湿度上升到一定程度时，就会引起壁画各类病害。通过科学研究旅游对文物保护的影响，樊锦诗先后发表了《敦煌莫高窟开放的对策》《敦煌莫高窟文物开放与游客管理之间的矛盾及其对策》《敦煌莫高窟旅游开放的效益、挑战与对策》《实现文化遗产保护和可持续旅游双赢》等一系列文章，对文物保护与旅游开放的问题进行探讨，强调"在保护好的前提下开放，在开放中加强保护"，坚持可持续保护和可持续利用、保护和开放协调发展。

为处理好保护和开放的关系，樊锦诗先生联合部分政协委员在全国政协会议上提出了《关于建设敦煌莫高窟游客服务中心的建议》提案，希望用数字化的手段让游客得到更为丰富的体验，同时减轻洞窟的压力。这一提案受到党和国家的高度重视，在中央和甘肃省委、省政府的大力支持下，莫高窟数字展示中心于2014年正式建成。这一游客服务设施的建成极大地缓解了因游客大增给壁画保护带来的压力，同时，形成了新的参观模式，较好地解决了文物保护和旅游开放的矛盾。樊锦诗先生提出的很多富有前瞻性的看法，立足于莫高窟保护管理的实践，形成了严格依据相关的法律法规进行遗产保护管理的思路，以预防保护为主，强调保护工作的长远规划和可持续性，引进国际合作机制，以及先进科技成果的运用等思路，为我国当前尚不完备的文化遗产理论提供了重要参考。

樊锦诗先生不断总结敦煌石窟的保护、管理、开放的经验，目的就在于努力使敦煌石窟这样的世界文化遗产能够长期保存，在今天的社会中发挥其文化价值。她在《为了敦煌的久远长存》等论文中回顾了敦煌石窟保护研究的历程后，对未来的保护工作提出设想，其中"多学科综合性的保护""主动的预防性保护"，以及积极开展国际合作的路子，积极应对旅游开放等观点，都是基于对敦煌石窟的长期保护管理所总结出的重要经验。《建设世界一流的遗址博物馆》则从遗址博物馆的角度，指出了敦煌研究院的远景目标，即建成世界一流的遗产收藏、世界一流的遗产保护、世界一流的遗产研究、世界一流的展示服务功能等，并提出了人才培养和国际合作诸方面的设想。

习近平总书记指出："中华优秀传统文化是中华文明的智慧结晶和精华所在，是中华民族的根和魂，是我们在世界文化激荡中站稳脚跟的根基。"文物工作的任务，就是保护好中华优秀文化遗产，保护好"中华民族的根和魂"。樊锦诗先生为保护和管理莫高窟这一世界文化遗产殚精竭虑，她在长期实践中形成的思想和理论，就是把敦煌石窟保护的"中国经验"提升而形成的"中国理论"，是对我国文化遗产保护、管理和开放具有重要参考意义的理论。

敦煌石窟考古研究

用考古学的方法对每一个洞窟包括其中的壁画、彩塑进行调查研究，从而确定其年代关系，是敦煌石窟考古学最基本的内容。20世纪60年代初，在工作、生活环境极其艰苦的条件下，樊锦诗与本所的马世长、关友惠、刘玉权进行合作，开始运用考古类型学等方法进行分期排年的研究。通过长期的努力，取得了一系列成果。他们于20世纪80年代先后发表的《敦煌莫高窟北朝洞窟的分期》《莫高窟隋代石窟分期》《敦煌莫高窟唐代前期洞窟分期》等论文，代表了以樊锦诗为首的研究小组在石窟考古研究方面的重要成果。

考古分期的研究决定着对敦煌石窟年代系统的基本认识。前人对于敦煌石窟时代的认识，主要依靠大致的艺术风格来定，可以说是粗线条的，而且带有很大的主观性。樊锦诗的研究小组对早期30多个洞窟进行长期的调查分析，采用考古类型学与风格分析相结合的办法，以部分有明确纪年的洞窟为标尺，通过对洞窟形制、彩塑的特征、壁画的主题和表现形式，包括图案流行的特征等方面的分析，对早期洞窟的时代作了科学的定位。他们在《敦煌莫高窟北朝洞窟的分期》中，把敦煌莫高窟早期石窟分为四个时期，大体与北凉、北魏、西魏、北周四个朝代相对应，不仅确认了每一个洞窟的时代，也搞清楚了敦煌石窟早期发展演变的脉络。在此基础上，樊锦诗等学者继续对隋唐时期300多个洞窟进行深入调查，通过考古分期排年的研究，完成了《莫高窟隋代石窟分期》《敦煌莫高窟唐代前期洞窟分期》等论文。虽然在对北朝石窟分期研究时积累了一定的经验，形成了一些时代排年的方法，但面对隋唐时代的洞窟，仍然有许多新问题要解决。隋唐时期某些壁画风格的变化往往与朝代更替无

樊锦诗（左三）指导考古工作人员在洞窟内调查　1998年

关，不同的风格会交叉出现。如隋朝在短短30多年时间就营建洞窟100余座，其窟形、彩塑与壁画内容丰富，形式多样，风格纷呈，使类型分析工作难度极大。樊锦诗等先生不仅对洞窟内容作了详尽的调查与分析，还深入调查了相关的佛教与历史文献，从宗教及历史背景方面探讨一个时代的文化特征，从而能够较为准确地把握佛教石窟中出现的新样式新风格，并通过这些样式、类型的特征来分析其年代问题，使隋唐时期数百座洞窟的年代系列呈现在我们面前。

严谨的考古分期排年，不仅得出了科学的结论，为敦煌石窟的时代判断提供了依据，而且在方法上形成了石窟分期的研究体系，如对洞窟形制的比较分析，对彩塑样式的分析，以及对壁画的内容分布、表现形式的细微变化等方面的类型学分析，综合多方面的类型与样式分析的结果，并深入挖掘宗教与历史文化的深层背景，把石窟的类型、样式变迁与当时的历史大背景相结合，从而得出令人信服的结论。樊锦诗等学者的考古分期研究，为中国石窟考古研究提供了重要的参考，也为其他各地的石窟分期研究者所借鉴。

20世纪60年代，中国的石窟考古研究刚刚起步。北京大学考古学家宿白教授敏锐地看到了石窟考古的重要性，对樊锦诗等年轻学者寄予了厚望。在宿白先生的指导和众多学者的参与下，敦煌文物研究所拟定了一个长远的考古计划，当时预计出版100册考古报告，涵盖敦煌的所有洞窟。由于"文革"，这一计划一直未能实现。直到20世纪90年代，在樊锦诗的主持下，考古报告的工作才重新提上日程。

从保护和研究的需要出发，作为考古报告就必须全面、完整、客观地取得并保存敦煌石窟遗址和遗物资料，就是要客观记录敦煌石窟所包含的每个洞窟的建筑结构、彩塑与壁画的特征和内容，包括彩塑和壁画使用的制作材料和颜料，以及它们有无重建、重塑、重画，有无残毁坍塌、修缮等，对这些资料和信息加以整理和编写。为使敦煌石窟考古报告具有系统性、科学性，同时，要为这项长期的"工程"能有序地可持续地进行下去，樊锦诗从"洞窟开凿的早晚和它的排列顺序有极密切的关系"这一认识出发，参照以往的考古规划，依据多年来对崖面遗迹的考察和断代分期研究成果，经过反复思考和推敲，确定以洞窟开凿时代的早晚作为脉络，兼顾洞窟排列布局形成的现状为制订敦煌石窟考古报告规划的原则，编制了多卷本《敦煌石窟全集》考古报告分卷规划，也就是将敦煌石窟数百个洞窟科学合理地编排出多卷本考古报告的各个分卷，各分卷的洞窟组合，各分卷洞窟编排的序列，各分卷考古报告的撰写编辑体例等的统筹规划；确定了全部敦煌石窟共编写100册考古报告的规划。这一举措纠正了以往考古报告计划的粗疏之处，具有前瞻性。

通过十余年的不懈努力，《敦煌石窟全集》第一卷《莫高窟第266～275窟考古报告》于2011年正式出版。这卷考古报告，通过多学科结合，以文字、测绘图和摄影图版等多种方法，完整、科学、系统地记录了莫高窟第266～275窟共11个编号洞窟的全部遗迹。[1]这是敦煌石窟的第一本考古报

---

[1]考古报告中，第272窟内还包含了第272A窟。因此，第266~275窟共有11个编号洞窟。

告，不仅对相关洞窟内容作了详尽而客观的记录，而且在敦煌石窟考古研究上具有多方面的突破：第一，通过敦煌早期三窟的主题内容——坐禅修行与弥勒信仰之密切关系，确认这种单纯的弥勒信仰源自犍陀罗传来的佛像体系。第二，通过比对早期三窟窟形、龛形、塑像、壁画内容、故事画构图、凹凸画法等特征，确认早期三窟明显受到西域的影响；并通过阙形方龛和阙形建筑的考察，揭示了第275窟的阙形方龛体现出敦煌及河西走廊的本地因素。第三，确认第275窟为北凉原建，又经隋、五代重建和重绘。第四，确认第266窟等现有的塑像、壁画是隋代完成，具有早期开窟隋代补绘的可能性。第五，揭示了北凉、隋至五代时期从起稿、敷色、晕染、线描的全过程及其特点，比过去的敦煌艺术研

《莫高窟第266~275窟
考古报告》书影

究更加细致，阐述更加明确。《莫高窟第266～275窟考古报告》的特色还在于采用先进的测量技术和绘图方法，完成了石窟测绘图。这是石窟考古测绘的重大突破，也为我国考古学界测绘技术提供了示范。《敦煌石窟全集》第一卷《莫高窟第266～275窟考古报告》一经出版便引起了学术界的高度重视，香港敦煌学专家饶宗颐先生称赞道："既真且确，

精致绝伦，敦煌学又进一境，佩服之至。"2017年，此书荣获第七届"吴玉章人文社会科学奖优秀奖"。

除了在考古报告的撰写和石窟分期排年两方面取得了重大成就外，樊锦诗先生还对敦煌壁画图像内容作了深入的考释研究。如对早期洞窟中部分本生因缘故事作了考证，都是前人未能定名，而经过她的调查，从佛经中找出了相应的经典内容。她对莫高窟第290窟的佛教故事画的考释，不仅调查了所依据的佛经，而且根据壁画对经典的选择，结合当时的历史背景，揭示了北周时代在敦煌流行的佛教思想。此外，通过对唐代壁画的调查，梳理了玄奘译经与敦煌壁画之关系。对莫高窟第61窟佛传故事的研究，虽然前人已做过相关的考证，但樊锦诗发现了敦煌文献P.3317号内容与第61窟壁画榜题的关系，并对其内容作了详尽的比勘，从而确定P.3317号文书为第61窟佛传故事构图之文字稿，发前人所未发，称得上是敦煌文献与敦煌壁画相结合研究的典范，体现了樊锦诗先生的深厚学养和敏锐的洞察力。《从莫高窟历史遗迹探讨莫高窟崖体的稳定性》一文则是把考古学与相关的自然科学结合起来，综合解决石窟的历史和考古问题，反映了作者独特的思路。此外，樊锦诗先生还对莫高窟周边出土的文物进行过调查研究，如《莫高窟发现的唐代丝织物及其它》等论文，体现了作者严谨而细致的考古学精神。

2023年7月出版的《樊锦诗文集》，集中体现了樊锦诗先生在以上两个方面的重大贡献。文集分上下两册，共收入各类文章105篇，涵盖了樊锦诗先生在敦煌石窟保护管理、敦煌石窟考古等方面的重要论文，还收入了部分纪念文、序言

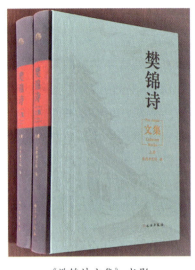

《樊锦诗文集》书影

等。樊锦诗先生长期从事行政管理工作，但作为一个学者，她始终没有放弃学术研究，持之以恒地进行敦煌石窟考古工作，她的学术论文主题清晰，逻辑严密，言简意赅，不说套话、空话。更可贵的是，她把严谨求实的学术精神运用在行政管理中，不仅使敦煌研究院的管理实现了科学规范，而且不断探索文化遗产科学管理的理念，从而形成了以敦煌石窟为中心的一系列保护、管理、开放、利用的理论。读《樊锦诗文集》，我们不仅拓宽了学术视野，了解了文化遗产保护管理和考古学的新成果，更体会到"坚守大漠、甘于奉献、勇于担当、开拓进取"的"莫高精神"。正是以莫高窟的保护事业为己任，为了使莫高窟这一世界文化遗产得以永久保存，永续利用，樊锦诗先生率领团队不断地探索一切对保护工作有利的科学方法和手段，从而形成了文化遗产保护管理的系统理论。《樊锦诗文集》的出版必将进一步推动中国文化遗产事业的不断深入发展，激励广大学者和文物工作者砥砺前行，在建设中国特色社会主义文化事业中作出更大的贡献。

2023 年 7 月

回忆池田温先生

　　池田温（1931—2023），日本著名的敦煌学专家、中国史研究专家。曾任东京大学教授、东洋文库研究员、东京大学东洋文化研究所所长、创价大学教授，以及北京日本学研究中心主任、敦煌研究院兼职研究员等职。出版敦煌学、中国历史研究著作十数种，其中《中国古代籍帐研究》《中国古代写本识语集录》在学术界产生了重大影响，前者于1983年荣获日本学士院奖。

池田温在学术研讨会上　　1994年

池田温先生是日本著名的敦煌学家。20世纪80年代以来，敦煌研究院常常举办国际性学术研讨会，每次会议都会有很多外国学者前来参会，那时就曾聆听过池田温先生关于敦煌学研究的发言，因此了解到池田温先生对中国历史的深入研究。随着《中国古代籍帐研究》等著作先后被译成中文出版，池田温先生在中国的敦煌学界可以说广为人知。

敦煌研究院由于平山郁夫先生的支持，自1985年后，每年都派遣研究人员到东京艺术大学研修。从20世纪80年代到21世纪初，前往东京的研究人员或多或少都曾得到过池田温先生的关照。施萍婷老师跟我讲过，她到日本期间，曾发愿要调查全日本公私收藏的敦煌文献。但实际上作为一个外国人，要去各家收藏单位调查，谈何容易。幸而有池田温先生等学者的大力帮助，才终于顺利进行。如三井文库收藏敦煌文书100余件，据说50多件没有让人看过，由于池田温先生的帮助，才得到特许。施萍婷老师调查了除书道博物馆以外日本公私收藏的所有敦煌文献，回国后发表了一系列文章——《日本公私收藏敦煌遗书叙录》，是20世纪中国对海外藏敦煌文献调查的重大收获。

1996年，我有机会以客座研究员的身份到东京艺术大学研修。去日本之前，施萍婷老师早就嘱咐过我，让我们去拜访池田温先生，并且施老师还给池田先生写了信。刚到日本时，我觉得池田先生是著名学者，我们没有特别的事也不便去打扰他。没想到池田先生热情地给我打电话了，使我非常惭愧。池田先生约了我们敦煌研究院来的几个同事见面，亲切地给我们介绍东京的相关情况，并邀请我们参加由他主持

"内陆亚洲出土文献研究会"学者们小聚　1999年
（左侧由近至远为池田温、石塚晴通、土肥义和、江川式部；右侧
由远至近为妹尾达彦、气贺泽保规、赵声良、王惠民、森部丰）

的"内陆亚洲出土文献研究会"活动。

　　那时，在池田温先生的努力下，东京一批研究敦煌学、中国历史等相关专业的学者们组成了"内陆亚洲出土文献研究会"，依托东洋文库定期举行学术讨论活动，研究重点主要是敦煌吐鲁番文献。大体上是每个月或两个月搞一次活动，每次由一位学者报告他的最新研究成果，然后大家在一起讨论。这个活动不仅是最初发起的学者们积极参加，还不断地吸引了一些大学的师生前来听讲，甚至东京以外的学者

有时还会专程来参加。

我尽量参加研究会的每次会议，感受这种纯粹民间性质的学术活动，并不断从学术交流中获得快乐和收获。每次学术讨论会结束时，都会有部分学者还想继续进行交流，就在东洋文库附近的一个餐厅进行聚会，通常都是AA制，在简单的餐饮时，大家能够得到进一步的交流。这个不定期的小型的学术活动中，时常会遇到一些日本著名的学者，如美术史专家秋山光和先生、吉村怜先生、中野徹先生；历史学专家荒川正晴先生、土肥义和先生、妹尾达彦先生；佛学专家京户慈光先生；等等。中青年的专家如石松日奈子、久野美树等都时常能见到，也有不少与我们同辈或者更年轻的学生，如胜木言一郎、山崎淑子、滨田瑞美等。因为参加学会活动的人不多，最多时也就二十来个人，特别利于学术讨论。大家听了主讲者的发言，都会各抒己见，气氛非常轻松愉快。特别是平常不容易见到，即使见到了也不一定有机会交谈的那些在学术界十分有名的学者，在这个场合都亲切地与你交流，你会感到这种机会太难得了。

后来我自费在成城大学读研究生，池田先生知道我学习不易，常常关照我，鼓励我把新的研究成果在学会上发表。后来陆续到东京访学的敦煌研究院不少学者，如王惠民、殷光明、张先堂、杨秀清等都曾在池田先生的鼓励支持下，先后在"内陆亚洲出土文献研究会"上发表研究成果，我也有幸为他们担当过翻译。

记得在1999年5月，池田温先生让我作一个报告。那时我正在研究榆林窟壁画中的山水画，我就把当时的一些研究情况整理了，在"内陆亚洲出土文献研究会"上发表。这次发表时，得到很多学者的肯定，也有一些学者给我提出了十分中肯的意见，使我能够在后来不断完善，最后写成论文《榆林窟第3窟的山水画》。那一年，由于池田温先生的推荐，我得以在当年度的"东方学会"年会作学术报告。那是我第一次参加日本学术界最权威的会议。在"东方学会"年会上作报告的学者，是由学会的委员们根据各学科发展的情况而选择的代表学术新成果的作者。在每一次学会之前由各学科的学术委员推荐，最后决定发表者，然后由学会分别给要作报告的学者发出邀请。我的印象中每个人作报告的时间大约有半小时，然后有半小时左右回答听者提问，因此可以对学术问题进行充分讨论。可以说每年"东方学会"学术会议的成果大体代表了学会涉及的各学科最新成果。

那些年，池田温先生在"东方学会"主持敦煌学这个主题的会场。因为我报告的是敦煌艺术研究的成果，池田温先生特别邀请了东京大学秋山光和先生来主持我那场报告。能够在"东方学会"上作报告当然是很自豪的事，但令我更感温暖的是池田先生对一个青年学者的关爱和帮助。在日本的那些年，因为能够常常参加"内陆亚洲出土文献研究会"，倾听各方面学者们的报告，我在学术研究上受益良多，尤其是近距离与池田先生接触，感受先生严谨的治学精神与慈祥宽厚的待人作风，令人终生难忘。

一次，与池田先生见面时，他照例问我最近在研究什么，我说在研究"圣树"的问题。敦煌壁画中有很多树下说法图，这些树因为与佛有关，被看作是"圣树"，那么这些树到底是什么树呢？我当时作过一些调查，也有了一点结果。池田先生听了很感兴趣，于是建议我在"内陆亚洲出土文献研究会"作一次报告。于是在后来的例会中，我报告了《敦煌壁画中的圣树》，当时引起了与会者浓厚的兴趣，很多老师也给我提出了各种意见和建议，使我收获很大。几天以后，池田温先生托人带给我一个大纸袋，里面是很厚一沓复印资料，打开来看，原来都是关于我讲过的那些树木（如菩提树、杧果树等）植物学方面的资料。这正是那天发表时有学者向我提出的问题，我之前虽然也考虑到这方面的问题，但因为没有植物学的知识，也找不到这样深入的植物学资料，而池田先生复印的这一批资料无疑是雪中送炭。想到池田先生这样大的学问家，每天的工作那么忙，却还惦记着一个年轻人的研究，给我无微不至的关怀，真让人感动得不知说什么才好。

2003年春，我如期在成城大学获得了博士学位，准备要回国，向池田温先生报告我的行程。先生跟我说："你在日本读了七年书，现在已取得了博士学位，为什么不向我们报告一下你的研究成果呢？"于是，我就选取了博士论文中一个重要问题，在"内陆亚洲出土文献研究会"上作《榆林窟山水画中的亭、草堂、园石》的报告。这次报告会除了池田温先生外，中野徹先生、妹尾达彦先生、京户慈光先生等也参加了会议，分别给我提出了很多有益的意见。

由池田先生介绍，在这次报告会上我还认识了菊池克美先生。菊池先生说，他对我的论文非常感兴趣，希望能读到博士论文的全文。于是我就把博士论文的副本送了他一份。

一个星期之后，菊池先生约我见面，开门见山地跟我说："你的博士论文是否考虑在日本出版呢？"我吓了一跳，说："能出版当然是很好的事。但我知道日本出版学术著作是要花很多钱的，我是一个穷学生，哪儿有钱呢？"他说："是呀，学术著作的出版因为不能赚钱，总是要给出版社补贴才行。不过如果你愿意出版，我可以帮你申请出版基金，你不用交钱。"我半信半疑，总感觉是从天上掉下的馅饼。

最后，菊池先生告诉我按出版的要求进行如何的修改，等等。我回到宿舍开始修改论文，但还是不放心，就忍不住打电话向池田温先生打听这位菊池先生的来历。池田先生笑了，他让我放心，说这位菊池先生也是研究中国历史的学者，在一个研究所工作，同时还在一个出版单位做编辑。他正在筹划出版一套敦煌学丛书，也许我的博士论文就是丛书的第一本呢。接着池田先生告诉我，菊池先生还负责一个基金会的事务，主要就是用于出版学术著作的，所以，出版费用是不成问题的。听了池田先生一席话，我就完全放心了。就这样，我按照菊池先生的要求修改了博士论文，又得到菊池先生在文字方面的编辑修正，第二年，我的博士论文《敦煌壁画风景の研究》得到"菊池ふさ记念风树基金"的赞助，作为比较文化研究所编的"敦煌学丛书"第一本在日本正式出版了。

每想起这本书的出版，就想到池田先生对我的关怀。在日本留学的七年间，由于池田温先生对我的大力帮助，我得以在日本的学术界发表自己的研究成果，并结识了一大批敦煌学、历史学等领域的著名学者，使我在留学期间有了特别的收获，并为我后来的学术发展打下了坚实的基础。

　　先生之风，山高水长。池田温先生为学与为人，是我们晚辈学习的楷模。

2023 年 12 月

方闻先生与敦煌

一

很早就读过方闻教授关于中国古代绘画的论文，不承想有缘能在敦煌与先生相识。

2008年4月27日，方闻教授和夫人来到了敦煌，我跟随樊锦诗院长到机场迎接。记得当时与方闻先生同机的还有一位省上的领导。省领导先从飞机上走出来，跟樊院长碰面了。樊院长跟领导打过招呼，就说道："我今天不是来接你的，我还有重要的客人。"我听了吓一跳，面对上级领导，樊院长说话也太直率了啊。我们接上了方先生和夫人，就乘车到方先生下榻的宾馆。路上樊院长跟方先生商量这几天的行程，谈到除了莫高窟外，也可以看看周围的沙漠景观，比如月牙泉等地方。方先生说道："不！我们不是来旅游的，我就是来考察莫高窟，别的地方都不考虑。"于是，5天的时间都在莫高窟。

早在1948年，方先生就赴美就读于普林斯顿大学，后来获博士学位。他曾师从韦兹曼（Kurt Weitzman）及乔治·罗利

《中国艺术史九讲》封面

（George Rowley）教授学习西洋及中国美术史，以优异成绩毕业留校，并先后担任普林斯顿大学教授、艺术与考古系主任，普林斯顿艺术博物馆主席等，1971 至 2000 年出任美国纽约大都会艺术博物馆特别顾问及亚洲部主任。长期以来，方闻先生采用"风格分析"的方法来研究中国古代书画的断代问题，取得了显著的成绩。主要著作有《夏山图：永恒的山水》《心印》《超越再现：8 世纪至 14 世纪中国书画》《中国书法：理论与历史》《中国艺术史九讲》等。早在 1959 年，方闻先生就创建了中国艺术和考古学博士教育计划。他的学生遍布全球重要的艺术史院系，在艺术史领域形成了实力强劲的"普林斯顿学派"，现今世界大博物馆的东方部门主管人很多都出自他的门下。方闻先生也是国际著名的文物艺术鉴赏专家。

2004 年，经在普林斯顿大学高等研究院工作过的物理学家杨振宁教授促成，受清华大学之邀，方闻先生到清华大学任教。杨振宁先生跟方闻先生说："你来清华高等研究中心做帕诺夫斯基吧！"原来，当初普林斯顿高等研究院不仅有物理学家爱因斯坦，还有艺术史家帕诺夫斯基在做艺术研究工作。作为世界顶级的学者们都已意识到自然科学必须与艺术结合起来，才能共同推进人类文化的进步。清华大学作为一个工科大学开始重视艺术教学正是这个道理。方闻教授对此也抱有很大期望，他为清华大学创办了艺术史研究所，并培养了一批博士研究生。此后，他又受聘为浙江大学教授，打算在浙江大学建立艺术史研究所和艺术教学博物馆，继续展开艺术史学研究生培养计划。

2007年，樊锦诗院长访问美国时见到了方闻教授，盛情邀请方闻先生访问莫高窟。翌年，方闻先生策划以"汉唐奇迹"为题的研究课题时，就把敦煌艺术当作重点研究对象，他决心要专程访问敦煌莫高窟。

二

陪着方先生在莫高窟内观摩，年逾古稀的方闻先生深为敦煌壁画精湛的艺术所感动，在窟内流连忘返，总有一种相见恨晚的心情。头一天送方先生和夫人返回宾馆时，我把我写的两本书送给方先生，请他指教。第二天一早我去接方先生，发现他手中拿着我那两本书上了车。从市区到莫高窟半小时左右的时间里，方先生一边翻着他在书上做了标记的地方，一边跟我讨论敦煌壁画中有关山水、空间、透视等一个个问题。不知不觉就到了洞窟跟前，我们的谈话还没有完，于是我们在洞窟外的一个长凳上坐下，继续讨论敦煌壁画艺术的问题。我本想请他先抓紧时间看洞窟，然后再来讨论，但方先生说先不要看洞窟，把一些问题理清楚了再说。看到他那样投入地讲着壁画中的问题，我也被感染了。在持续不断的对话中，不觉已到了午餐时间，于是我们的谈话就转移到了餐厅。午餐结束时，方闻先生跟我说，要给樊院长打电话。我不知道有什么事，只好跟樊锦诗院长联系，但这一天樊院长正好有很多事务，于是就约在晚上见面。

当晚，樊院长来到了方先生下榻的宾馆。方闻先生跟樊院长见面后，开门见山地说："我想邀请赵声良到普林斯顿大学帮助我们工作。"

原来，普林斯顿大学收藏有3000多张敦煌石窟的照片，那是1943年罗寄梅在敦煌拍摄的。当时正筹备成立国立敦煌艺术研究所的常书鸿先生考虑到研究所工作的需要，想建立起洞窟资料的档案，于是聘请曾任中央通讯社摄影部主任的罗寄梅为研究员，进行洞窟档案拍摄工作。经过一年左右时间，对300多个洞窟进行了拍摄。但在拍摄完成后，罗寄梅并没有把照片交给研究所，而是全部带走，成为他个人财产。由于时局变化，常书鸿也没有能力追回这一批研究所的资产。后来罗寄梅随国民党逃到台湾，其后又到美国。到了20世纪60年代，时任普林斯顿大学教授的方闻得知罗寄梅手头有这一批照片，作为绘画史的专家，他清楚地知道这批照片的学术价值，于是，建议普林斯顿大学购入这批照片用于艺术教学。在洛克菲勒基金的支持下，普林斯顿大学购得了罗氏照片。于是在方闻的美术史教学中，就增加了对敦煌艺术的研究。

由于美国缺乏研究敦煌艺术的专家，虽然普林斯顿大学长期雇用罗寄梅夫人刘先进行照片档案的整理，但是毕竟刘先并不是具备研究能力的学者。况且在1943年罗氏夫妇到敦煌拍摄照片时，敦煌石窟的内容还没有进行过系统的调查和研究，仅张大千给洞窟编了300多个号。每一个洞窟的确切年代、壁画的基本内容大部分都不清楚。因此，虽然一大批照片放在普林斯顿大学的研究室里已经数十年，却连一套记录图片基本内容的目录都没有建立起来。近年来，随着方闻先生在中国教学工作的开展，他深感需要尽快把罗氏照片系统整理出版。但要将其出版成为一套画册，也并不是件容易的事。比如每一幅照片的内容、所在洞窟的位置以及时代等都还是未知数，没有这些基本的内容，又如何能体现这些照片的价值呢？因此，方闻先生这次来敦煌是想来看一看洞窟的情况，同时也想寻找一位合作者，以期把罗氏照片整理出版。当他读到我的书，并和我聊了很多敦煌艺术的问题后，便有了一个强烈的想法，他觉得已经找到合适的人选了。樊锦诗院长明白了方先生的想法，当即表示支持，同意我到普林斯顿大学工作一段时间。

接下来的几天，方闻先生非常轻松和愉快。我们一起在洞窟内面对壁画上的人物和山水，谈到中国绘画的线描、造型等问题。方闻先生向来反对以西方艺术为标准来研究中国的艺术，他认为中国艺术自古以来就有本民族独特的视觉和美感。他特别提到了中国画的空间构成问题，这一点在敦煌壁画中一一得到了验证，我们常常在洞窟内讨论着忘记了时间。

方闻先生早在1981年就在美国发表了《敦煌的凹凸画》一文（2007年译成中文在中国发表）。那时他主要依据的资料是普林斯顿大学收藏的那批照片以及当时少量的敦煌壁画出版物。但他以敏锐的眼光看到了敦煌壁画表现手法的独特之处，并能利用绘画史上的有关文献进行分析，阐述了敦煌壁画在中国古代绘画中的重要意义。其后相当长时间内，方闻教授虽然没有再专门谈到过敦煌艺术，但以敦煌艺术为代表的中国大量的汉唐文物所体现的中国艺术精神，他一直是很关注的。所以他不断地强调"汉唐奇迹"，强调在比宋元绘画更早的时代，中国艺术所达到的高度。这次敦煌考察之后，方闻先生在多次讲演中，只要讲到"汉唐奇迹"，就必然要讲敦煌，他在我国台湾和大陆一些大学的讲演中，更是直接以《汉唐奇迹在敦煌》作为题目，敦煌已成为他在艺术史研究中最为瞩目的一个项目了。

　　2010年，应普林斯顿大学唐氏研究中心的邀请，我到普林斯顿大学开始了为期5个月的研究工作。在普林斯顿大学，有更多的时间与方闻教授畅谈，从而更深入地认识到方闻教授的"风格分析"学说。风格一词本来是指一个时代，或一个艺术家的艺术表现带有倾向性的特点，就有了艺术家个人风格，某种艺术的时代风格，等等。但由于"风格"一词逐渐被泛化，往往成了什么场合都在用的"万金油"。特别是某些不懂艺术的人写文章动不动就是讲这个风格、那个风格，泛泛而谈，没有学术性。但是在艺术史的发展中，风格本来是真真实实存在的，关键在于我们是否能够把握住真正的风格所在。在方闻先生的研究中，他特别强调对作品本身的鉴定和分析，他说过："风格判断与鉴赏作为认知方式是应该加以捍卫的，不仅因为它们是至关重要且富有价值的挑战，而且也是了解不同视觉语言的唯一手段。"在与西方同时期绘画的比较中，方闻认为中国汉唐时代对空间的表现，从"形似"这个方面看已走在世界的前列。中国艺术的独特之处在于中国的艺术家并不满足于"形似"，没有像西方艺术那样追求"科学写实"的目的，而是要从"形似"进入"写意"，从而达到"气韵生动"的境界。在与方闻先生接触的过程中，我对中国艺术史的认识不断深入，对绘画研究的"风格分析"法更有了信心。

在普林斯顿大学，我有机会接触了一批研究中国艺术的学者，艺术史与考古系主任谢柏柯（Jerome Silbergeld）先生、唐氏研究中心的经崇仪（Dora C.Y. Ching）老师、普林斯顿大学博物馆的刘怡玮（Cary Liu）老师等，他们对中国古代书画的深入研究，以及在学术研究上的严谨、认真精神，令人敬佩。由于经崇仪老师的帮助，我拜访了纽约大都会艺术博物馆的何慕文（Maxwell K. Hearn）先生，还多次进到纽约大都会艺术博物馆库房里看到了那些向往已久的古代绘画珍品。

有一天，方闻先生叫我到他家去小聚一下。到了他家，方师母招呼我来到他家后院，才发现一个老朋友也在这里。原来是英国的韦陀（Roderick Whitfield）教授来普林斯顿了。我才知道原来韦陀教授也是在普林斯顿大学取得博士学位的，他的导师就是方闻先生。大家都很高兴，一边喝茶，一边聊起过去的事情。我跟方先生说："韦陀先生与我们很熟，因为他经常来敦煌，他是研究敦煌艺术最有成就的欧洲学者。"这时，韦陀笑着跟我说："我当初写博士论文，本打算以敦煌壁画为研究对象，方闻先生还坚决反对呢。"方先

2010年2月，方闻（左三）及夫人（左二）与作者（右二）在普林斯顿

生只是哈哈大笑。我想当时如果要研究敦煌壁画，恐怕只能以罗寄梅那些黑白照片为依据吧，没有实物的考察而进行研究，肯定不符合方先生的要求。不过韦陀当时研究《清明上河图》，实际上也没有看过原件，但他用的照片基本上还是能反映原作的状态，相比黑白照片之于敦煌壁画实体的差距，从清晰度很高的照片来看《清明上河图》与原件的差别就不算大了。毕竟真正对于敦煌艺术有更深入的研究，是他毕业后到大英博物馆工作之后的事了。

　　方闻先生一方面进行中国艺术史的教学，一方面帮助普林斯顿博物馆和纽约大都会艺术博物馆得到了非常多的中国艺术品收藏。因此，对于艺术品的鉴赏，正是他艺术史教学的一项重要内容。方闻教授一向主张把艺术品的实物考察与艺术史教学结合起来，因此，在普林斯顿大学博物馆建设方面方闻先生贡献巨大。在普林斯顿大学期间，我时常流连于大学博物馆，观赏展柜里那些极为丰富的东方的、西方的艺术品，感受到沉浸在艺术品中间的幸福。大概正是出于教学的需要，这个博物馆不同于很多博物馆那样为了显示展品的高贵，往往在空荡荡的展柜里只放少量的物件。你会发现普林斯顿大学博物馆的墙上挂满了绘画和雕塑，展柜里也塞满了各种文物，好像是个文物库房一样。刚开始我还不习惯这样的展陈方式，时间越久，越觉得它提供的内容太丰富了，有时在一个展柜跟前就可以看一两个小时。当然，普林斯顿大学博物馆藏品多而展馆小也是一个原因。刘怡玮馆长总跟我讲这个问题，期待学校能够尽快新建一个像样的博物馆。可是直到刘老师退休，学校似乎也没有建设新馆的迹象。

三

方闻先生对于国内的艺术史研究十分关心，他认为艺术史研究在中国处于"滞后"状态。他在耄耋之年还到中国先后受聘于清华大学、浙江大学，就是想让艺术史研究得到更好的发展，并为国内培养一批艺术史人才。我自2010年离开普林斯顿大学之后，再没有机会见到方闻先生。2018年10月却传来了方闻先生在普林斯顿逝世的消息，令人悲痛。记忆中的方闻先生一直是精力充沛、目光炯炯的智者，他不遗余力地奔走于中国大地，推动艺术教学和大学博物馆建设，甚至捐出自己珍藏的张大千绘画作品，作为浙江大学博物馆的藏品。总盼望着他再来中国，能够就"汉唐奇迹"等话题再听他侃侃而谈，没想到已成永诀。

社会各界对方闻先生赞誉很多，学术界普遍认为方闻先生是半个世纪以来美国的亚洲艺术史学界和博物馆界的领航者，他提升了中国艺术在西方的能见度。而对于当下中国艺术史的研究来说，我认为方闻先生的意义在于他的研究是在真正读懂中国传统艺术、掌握中国艺术真髓的基础上，又以西方人和中国人都能读懂的方法来剖析中国艺术的价值和精神所在。方闻先生的研究思路犹如一把利剑，帮助我们破除在艺术史研究中各种似是而非的所谓"方法论"的迷信，而把目光集中在艺术品实物上，锤炼自己的鉴赏力。

听说近年来上海书画出版社启动了"方闻中国艺术史著作全编"出版项目，这是令人颇感欣慰的事。通过方闻先生的著作，我想，他的艺术研究成果会在中国产生越来越大的影响，必将推动中国艺术史研究的进程。

2024年4月

附：方闻先生在中国已出版的著作目录

《大德寺五百罗汉》，上海书画出版社，2017年。

《宋元绘画》，上海书画出版社，2017年。

《夏山图：永恒的山水》，上海书画出版社，2016年。

《心印：中国书画风格与结构分析研究》，上海书画出版社，2016年。

《两种文化之间：近现代中国绘画》，上海书画出版社，2020年。

《中国书法：理论与历史》，上海书画出版社，2019年。

《中国艺术史九讲》，上海书画出版社，2016年。

《艺术即历史：书画同体》，上海书画出版社，2021年。

回忆吉耶斯先生

　　雅克·吉耶斯（Jacques Giès，1950—2021），曾先后就学于巴黎大茅屋艺术学院和卢浮宫艺术学校，获得巴黎索邦大学艺术史博士学位，是法国中亚文化、中国绘画、佛教等方面的权威专家。1980年任吉美博物馆研究馆员，2008至2011年担任吉美博物馆馆长。因其在艺术史研究和中法文化交流中的贡献，曾获得法国国家荣誉军团骑士勋章、法国国家功勋骑士勋章和法国文化艺术士官勋章。

　　吉耶斯先生对吉美博物馆所藏敦煌绢画作过深入的研究。1987年，敦煌研究院举办敦煌石窟研究国际学术讨论会时，吉耶斯先生就应邀前来敦煌参会，并发表了论文《伯希和特藏和敦煌绘画语言·对于甘肃圣地壁画年代的综合考释》。他通过研究法国吉美博物馆所藏的绢画，对照敦煌壁画，对相关的艺术风格和年代进行推断。吉耶斯先生与日本秋山光和等学者合作整理并出版《西域美术——吉美博物馆藏伯希和收集品》是研究敦煌藏经洞出土绢画的重要著作。

　　2003年4月，我在日本结束了为期7年的留学生活，想到作为一个艺术史研究者，还是应该去一趟巴黎，于是在回国之前，先由东京去了巴黎。除了卢浮宫以外，吉美博物馆

吉美博物馆

吉美博物馆藏
敦煌唐代绢画残片

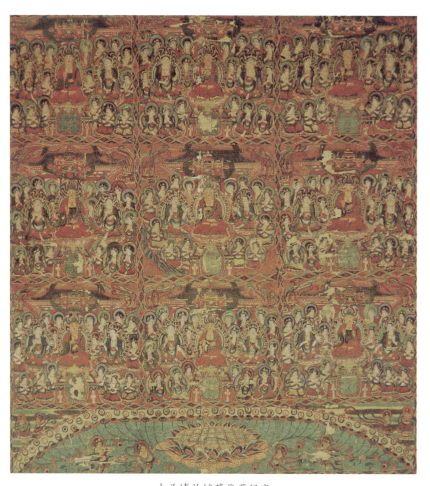

吉美博物馆藏华严经变

是我考察的重点。我请了一个法国的朋友帮忙翻译，就径直去找吉耶斯。我虽然知道他是研究敦煌艺术的专家，但他并不认识我。因此，见面时我提出想到博物馆库房去看敦煌绢画时，他说道："我们有一个展厅展示敦煌绢画。"

我说："展厅展示得太少。我是研究敦煌艺术的，我希望看更多的。"

他沉吟了一会儿，说道："那么，你想看哪一幅呢？"

我说出了几个绢画的编号，接着拿出了一个单子，上面列出了最想看的20多幅绢画，包括一些有明确题记的绘画。

吉耶斯先生露出了微笑，他知道我的确是一个研究者。于是他从办公桌上拿起了电话，叫来了馆里一位工作人员，让她领我去库房看画。同时还给我写了一个免费参观的单子，说接下来的日子，只要博物馆开馆期间我都可以来看。于是，我在巴黎的最后几天都泡在了吉美博物馆，饱看了这里收藏的敦煌绢画。

我回国后不久，2005年春，敦煌研究院与台南艺术大学合作，先后在台北和高雄举办《荒漠传奇　璀璨再现——敦煌艺术大展》。当时台南艺术大学借展了吉美博物馆收藏的多件敦煌绢画以及雕塑等文物，特别是在高雄开展时，吉耶斯先生应邀来到了台湾。我们又在这个特别的时刻见面了。那些日子里，我们常常围绕敦煌绘画的问题进行讨论。记得展览中有一幅从吉美博物馆借展的绢画，是维摩诘经变的一部分，这一组画本来是两件，却有一件被斯坦因拿走，藏于大英博物馆，伯希和拿走的这一件存放在吉美博物馆。吉美博物馆藏的这部分，上半部画维摩诘手持塵尾坐在帐中的情景，下半部则画以吐蕃赞普为首的各族人物。吉美博物馆把这幅画的时代定为五代。我根据画面中把吐蕃赞普形象画在人群之首位这一情况，觉得有可能是吐蕃时代绘制的。因为自从晚唐张议潮率众起义，推翻吐蕃统治之后，壁画中虽然也会画吐蕃赞普的形象，但不会再把赞普画在首要的位置。五代曹氏家族在思想观念上完全承袭张氏传统，在壁画中也没有再出现那种吐蕃赞普与中原帝王分庭抗礼的状况。吉耶斯先生说我的想法有道理。但是后来我再次考察这件作品，感到绘画风格还是较晚，如果理解为五代时期画家按吐蕃时代的画样来绘出，也未尝不可。

在高雄市《荒漠传奇　璀璨再现——敦煌艺术大展》展场　2005年
（左起：赵声良、吉耶斯、高雄美术馆李俊贤馆长、台南艺术大学张誉腾教授、敦煌研究院张先堂研究员）

此后的十多年间，敦煌研究院曾先后派遣十余位专家到巴黎远东学院进行访问研究。其间都要访问吉美博物馆，在该馆详细调查敦煌绢画等问题。吉耶斯先生及其后任馆长都对敦煌研究院的工作给予了大力支持和帮助。

吉耶斯先生于 2008 年至 2011 年担任吉美博物馆馆长。在其主持和策划下，吉美博物馆设立了日本和中国佛教艺术展室、中国画家陈列馆、中国绘画艺术馆等展馆，在巴黎和世界多地举办了中国文化展览。他还担任法国文化和新闻部文化事务总监，主持了多场中国文化艺术交流展览，为在法国传播中国文化艺术，促进中法文化交流作出了积极贡献。

吉耶斯先生于 2014 年退休后，在 2015 年到 2018 年担任亚洲–索邦协会主席。

2019 年，敦煌研究院为拍摄大型纪录片《莫高窟与吴哥窟的对话》，摄制组计划到吉美博物馆拍摄，其中有我作为学术主持与吉耶斯先生对话的镜头。吉耶斯先生积极配合我们拍摄，我们重逢在巴黎，非常愉快，谈话的话题都集中在敦煌绘画中。说起敦煌绢画《华严经变》，吉耶斯先生不由得神采飞扬。

原来吉美博物馆藏敦煌绢画中有两幅画很特别，一幅是《华严经十地品变相图》，高286厘米、宽189厘米；另一幅是《华严经变相"七处九会"》，高194厘米、宽179厘米。这两幅华严经变绢画在之前的吉美博物馆藏敦煌莫高窟出土艺术品目录中没有著录，也没有公开发表，后来被吉耶斯先生在吉美博物馆库房中发现，他觉得这样大的画幅在伯希和收集品中很特别。通过对这两幅绢画的仔细考察研究，他渐渐搞清楚了绢画内容跟《华严经》有密切关系。后来，他与日本美术史研究专家、东京大学秋山光和教授合作编纂《西域美术——吉美博物馆藏伯希和收集品》一书，就以"特别图版"的形式在全书卷首予以首次刊布，他还在同书中刊发了《关于新出的2幅大画"华严经变相七处九会"和"华严经十地品变相"》的研究论文，对这2幅绢画的内容、特色、价值予以详细论述、介绍，引起了国际学术界的关注。这2幅华严经变绢画有几个突出的特征：一是画幅巨大，为法藏敦煌绢画之最；二是保存状况良好，色彩华丽，鲜艳如新；三是画面人物众多，画笔精致，线条流畅；四是属于罕见的完整的唐五代华严经变图，为研究敦煌经变画、中国美术史提供了珍贵资料。我读过吉耶斯先生与秋山光和主编的《西域美术——吉美博物馆藏伯希和收集品》，其中对一些尊像和复杂经变内容的考证和分析比较严谨和细腻，对绘画风

2019年5月，吉耶斯（左）与笔者在巴黎对谈

格的分析较中肯，因而非常敬佩吉耶斯先生作为一个法国人，对佛经内容研究得如此深入和透彻。

吉耶斯先生热爱中国文化艺术，长期致力于研究、传播中国文化艺术。他曾在接受《人民日报》记者采访时表示："中国文化的一切都令我着迷。也许我的前世就是一个中国人，基因里就有对中国文化和艺术的热爱。""传播和分享中国文化，让西方人理解并爱上中国文化，这是汉学家的职责。"他撰写出版了多本有关佛教艺术以及中国和中亚艺术的书籍，曾兼任巴黎索邦大学和卢浮宫艺术学校老师，教授中国文化与艺术课程。

就在我们巴黎重逢的两年后，2021年4月，吉耶斯先生不幸辞世，享年71岁。

常常回忆起在巴黎与吉耶斯先生对谈的美好时光。吉耶斯先生给人的印象是儒雅而充满活力的，他的眼睛总是闪耀着智慧的光芒，他对敦煌绢画的那种痴迷，令人难忘。

2021年5月

怀念郑汝中先生

20世纪80年代是一个令人振奋的时代，乘着改革开放的东风，敦煌学的发展欣欣向荣。只要到敦煌研究院就可以看出，在那种物质极其贫乏、交通不便、信息不通的条件下，却不论老年、中年还是青年学者们都一门心思在做研究，大家都发愤图强，想把中国的敦煌学搞上去。正是在这样的氛围下，学者们纷纷奔赴敦煌，进行着各自的学习和调查研究。有的人因此就不愿离开敦煌，终于成了莫高窟人。

郑汝中先生到敦煌时，已经五十多岁了，按理已是知天命的年头。他长期从事琵琶演奏和教学，曾获得极高的声誉。况且作为安徽师范大学的音乐教师，他本可以在南方工作到退休，安度晚年。可是，当他来到莫高窟，见到壁画中竟有如此丰富的音乐形象时，顿时忘却了一切，毅然决定要来敦煌工作。这真是拿后半生做赌注啊！原来的同事和朋友都替他捏着一把汗。

郑老师就是这样的人，一旦决定了的事，就不会后悔。因为他非常清楚敦煌壁画中这千百件乐器在等着他来梳理。敦煌研究院因为郑先生的到来，就有了音乐舞蹈研究室。郑老师很清楚他比起年轻人来，时间已经不多，于是他起早贪黑，带着助手不停地在洞窟中调查、记录，莫高窟492个洞窟中处处留下了郑老师的脚印。经过反复的调查，他发现了236个洞窟中都有音乐形象，包括乐伎、乐队、乐器。郑老师把壁画中的伎乐分为伎乐天、伎乐人两大类进行研究，从中探索中国古代音乐演奏的传承演变痕迹。敦煌壁画中的乐器则更为浩繁，数量达4500多件，经郑汝中老师调查、整理，归为45种，涵盖了中国传统乐器中吹奏乐器、弹拨乐器、拉弦乐器、打击乐器4个大类。郑老师又对照文献记载，对这些乐器分别调查和分析。他发现敦煌壁画所保存的乐器远远超出了今天传世的中国民乐的乐器。于是，一个宏伟的计划在他的心中暗暗升起，他决定要仿制一批敦煌乐器，以此来丰富当前中国传统音乐的内涵。

笔者与郑汝中（左） 1994年

1988年，郑汝中先生与庄壮先生合作向甘肃省科学技术委员会提交的"敦煌壁画乐器仿制研究"项目获得批准，他开始了艰苦的仿制工作。他为这个项目定下了几个目标：一是以敦煌壁画为基本依据，尤其是选择那些具有敦煌特点又往往与传世的乐器不相同，甚至是失传了的，这样对于中国音乐史的研究，具有重要的参考意义；二是仿制乐器不是单纯为了再现一个形象作为观赏，而是要有音响效果，通过对古乐器的相关研究，要让这些乐器既可以用来演奏，其发声的原理也要有依据；三是为了适应今天的演奏，乐器的律制大多采用十二平均律；四是乐器上的图案纹样均以敦煌壁画为依据。郑老师通过对敦煌壁画乐器的深入研究，从壁画中大量的乐器形象中遴选出34种54件（包括打击乐器15种22件，吹奏乐器7种12件，弹弦乐器11种19件，拉弦乐器1种1件），反复研究其音乐特色，并结合乐器本身的形态特征等，分别绘出设计图，联系北京民族乐器厂进行制作。郑老师与乐器制作的技师们反复探讨乐器所用的材料和工艺，并邀请乐器厂的领导和技师多次来敦煌考察，体会敦煌壁画乐器的特色。由于这批乐器是通过敦煌壁画的画面形象来制作的，难度极大，没有先例可循，所以每一件乐器从设计到制作的每一个环节都倾注了郑汝中先生的心血。经过三年多的努力，一批具有敦煌特色的仿古乐器全部制作完成了。1992年3月17日，甘肃省科学技术委员会、甘肃省文化厅和北京市第一轻工业总公司联合召开了"敦煌壁画乐器仿制研究项目"成果鉴定会，由音乐史、乐器演奏、敦煌学等方面的专家组成18人的鉴定小组，由著名音乐理论家、中国音乐家协会名誉主席吕骥为主任委员，音乐理论家阴法鲁、陈自明任副主任委员。鉴定专家们首先欣赏了由中央音乐学院和中国电影乐团的艺术家们分别应用仿制乐器进行的试演奏，接着通过观摩考察仿制乐器原件，听取郑汝中与庄壮二位项目承担者的报告，以及北京民族乐器厂的制作报告，最终认为：这个项目对敦煌壁画乐器的仿制是成功的，较真实地反映了敦煌壁画乐器的原貌，是我国敦煌古乐器的再现，从音响效果来看，具有典型的民族音色和韵味，部分乐器的制作还具有开拓性，为民族音乐的创作和演奏开辟了新的艺术境界，部分乐器具有推广的前景。这一仿制乐器项目荣获文化部科技进步二等奖。

这次乐器仿制成功，可以说是郑汝中先生到敦煌之后初战告捷。但他并没有停止研究的步伐，继续孜孜不倦地钻研敦煌壁画音乐的各个层面，同时，把研究的领域扩展到了敦煌飞天和敦煌写本书法方面。

20世纪90年代以后，敦煌研究院开始了规模宏大的《敦煌石窟全集》（专题研究）编撰工作，郑汝中先生承担了《音乐画卷》与《飞天画卷》的编撰任务。虽说郑老师一直在调查敦煌音乐资料，不断地研究探讨，发表论文，对敦煌各时期各类乐器以及伎乐的情况已经十分熟悉了，但要按历史发展的脉络来整理敦煌资料，并结合中国音乐史的发展，探讨其历史文化价值，还需要一个研究的过程。

郑老师的父亲是一位医生，早年就参加了革命工作，当时他在北京开有医院，并利用医院作为据点进行地下活动。为了保护和培养革命下一代，1943年前后，组织上安排一批

演奏琵琶的郑汝中

革命后代转移到延安去上干部子弟学校。幼年时代的郑汝中和他的哥哥就从北京步行到了延安，长途跋涉使他的腿关节受到损坏，由于当时没有得到有效的治疗，腿上留下了后遗症，行走极为不便，这使他在敦煌工作时非常艰苦。长时期在石窟中上上下下进行详细的调查，其艰难程度可想而知。但郑老师没有丝毫畏缩，反而在不断的调查中获得了极大的快乐，早已忘却了身体的不适。经过郑老师十多年持之以恒的调查与潜心研究，《敦煌石窟全集　音乐画卷》《敦煌石窟全集　飞天画卷》二书于2002年正式出版了，这不仅为敦煌石窟中的音乐图像研究提供了全面系统的资料，而且弄清楚了敦煌壁画中丰富多彩的音乐形象，包括伎乐天、伎乐人以及各类乐器，同时阐述了敦煌音乐在中国音乐史上的特别价值和意义。可以说郑汝中老师的研究是迄今为止对敦煌音乐研究最全面和系统的。敦煌飞天也与音乐密切相关，但作为飞天艺术，还涉及飞天作为绘画的艺术研究，郑老师按时代发展的顺序梳理了敦煌飞天艺术的发展脉络，对各时期飞天艺术的风格特点作了探讨。同样在2002年，汇集了郑老师十数年研究成果的著作《敦煌壁画乐舞研究》也出版了。

郑汝中复原设计的乐器

作为艺术家，郑汝中先生不仅擅长音乐，还精于书法。工作之余，他常常以书法自娱。最初与郑老师交往就是从书法开始，我也是一个书法爱好者，自然常会谈到书法的话题，有时也跟郑老师一起涂鸦几笔，常常受到郑老师的鼓励。20世纪80年代末，我们都开始注意到敦煌写本的书法问题，于是打算共同来选一些有代表性的书法写本，编成册出版。正好那时甘肃人民美术出版社的编辑来约稿，便商定编一套《敦煌书法库》丛书，编选各时期敦煌书法的代表作。但是这件事也有很大的困难，当时我们能看到的英、法所藏的敦煌写本，都是通过缩微胶卷来看的，缩微胶卷经过了多次拷贝，大部分也不甚清晰，要是研究写本内容，看清文字内容是没有问题的，但要作为书法作品，放大来看其中的点画、用笔等特点，往往就很困难了。不过我们还有院藏的写本原件可以参考，对敦煌写本的书写特点也就有了直观的认识。我和郑老师常常一起欣赏敦煌古代写本，感受着魏晋隋唐写本优雅的字体、美妙的运笔，便不停地讨论这些书法的艺术风格等，寝食皆忘。《敦煌书法库》于1994年开始出版，共出了4册。当时由段文杰院长任主编，我想请郑汝中老师做副主编，但郑老师出于对年轻人的厚爱，一定要让我做副主编，他自己则坚决不做副主编。此后，我又与郑老师合作编选了《敦煌写卷书法精选》，由安徽美术出版社出版。配合《敦煌书法库》的编辑出版工作，郑老师还撰写了有关敦煌书法的论文，阐述了各时期敦煌书法的风格特点，为敦煌书法的研究作出了重要贡献。

郑汝中先生是中国书法家协会会员，并在合肥等地举办

郑汝中在洞窟中调查　2018年

郑汝中在创作书法

过个人书法展览，先后出版《雪墨书影》《郑汝中书法集》等书法作品集。先生的书法率性自然，萧疏淡远，具有一种浓厚的传统文人气息。著名敦煌学家姜伯勤先生曾说过："郑汝中先生是一位性情中人，他的'率性由真'的个性，体现在他的'自由率意'的书法作品中。"①郑老师的书法没有专攻某家某派，但从历代碑帖中领悟而出，他对草书用力极深，时有泰山经石峪书法的浑厚、大气，可谓变化万千而稚拙率真，毫无做作。中国书法之为艺术，由于千百年来无数名家辈出，学书者往往拘泥于某家某派而不敢越雷池一步，便形成了不断重复前人书风的习气。真正以书法作为艺术来表达自我感情的极少，而从郑老师的书法中，则可明显感受到书家自己的精神状态：既有刚毅凛然之骨，又有萧疏淡远之气，常常露出怡然而淡泊、淳厚而疏散的意味。细细品来，令人感慨万千。见其书，想见其人：与世无争，却又始终坚持自己的理想。

郑汝中先生为了敦煌艺术，毅然放弃江南平静的生活，甘愿在荒凉的大漠中不辞辛劳地探索，而当在音乐研究上取得重大成果时，也丝毫没有停止研究的步伐。2016年，郑老师已是八旬老人，他又来到敦煌筹划更大规模的乐器仿制工程。是年秋，在丝绸之路（敦煌）国际文化博览会上，郑汝中先生展出了他亲自设计的一批敦煌风格乐器，引起了国内外同行的关注。尽管乐器复原取得了丰硕的成果，但郑老师又看到了其中可以再推进、再发展的方向，仍然孜孜不倦地

---

① 姜伯勤：《〈敦煌壁画乐舞研究〉序》，甘肃教育出版社，2002年。

笔者向郑汝中（左）请教书法问题

思考着复制更多品种的敦煌乐器。

2022年12月，听说郑老师住院了，我便急忙赶到上海。郑老师见到我，情绪非常好，不断地跟我聊起敦煌乐器等事。看到郑老师那么投入地讲着敦煌的艺术，我感到十分欣慰。师母台建群老师跟我说，那天是最近以来郑老师最开心的一天。我们都以为郑老师会再次恢复健康，然而，当我回到敦煌不久，却传来了郑老师离去的消息，令人无限伤感。

郑汝中先生以他的刚毅、坚韧，走完了90岁的人生。作为革命后代，他从小在延安长大，经历了各种生活的艰难和战争的影响，中华人民共和国成立后在南方的著名高校从教，本来可以过着安逸和平静的生活，但他却意外地与敦煌结缘，并把后半生都献给了敦煌艺术研究事业。因为有了郑汝中先生，敦煌学便在敦煌音乐研究、敦煌书法研究等领域增添了许多华丽的篇章。郑汝中先生的精神也将激励着越来越多的青年学者在敦煌学领域砥砺前行。

2023年12月

《关友惠关晋文敦煌壁画临摹集》序

　　早在20世纪50年代，关友惠先生就来到敦煌文物研究所（敦煌研究院的前身），投入敦煌艺术的临摹与研究事业中，一干就是一辈子。50年代的莫高窟，生活和工作条件极其艰苦，关友惠先生与同仁们白天在洞窟里调查、临摹，晚上没有电，大家都聚在一个大房间，点一盏汽灯，共同在灯下练习壁画的绘画技法。就这样勤学苦练，潜心探索古代壁画艺术的技法和艺术特点。七十多年来，像关友惠先生这样一批一批莫高窟人，在大漠深处默默无闻地守护着莫高窟这个世界艺术之宫，以他们不懈的努力，逐渐掌握了古代壁画的绘制技法，他们就是中国传统壁画艺术的传人。关先生勤于思考、刻苦钻研，在莫高窟工作的数十年间，临摹壁画数百幅，对敦煌石窟各时期壁画的风格与技法了然于心，他的大量临摹品，比较客观真实地表现出敦煌壁画不同时期的风格特色。由于他扎实的临摹功底，在20世纪70年代，西安附近的唐代壁画墓如章怀太子墓、懿德太子墓等出土时，陕西省博物馆便邀请关友惠先生参加了唐墓壁画的临摹工作。其后关先生又应邀参加了酒泉丁家闸壁画墓的临摹以及新疆库木吐喇石窟壁画的临摹工作。改革开放以后，1984年敦煌

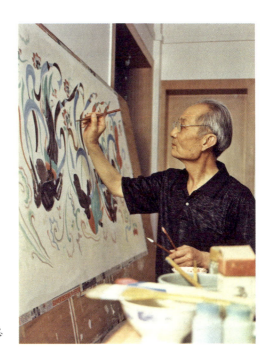

关友惠

文物研究所扩建为敦煌研究院，关友惠先生任敦煌研究院美术研究所所长，率领美术研究所的工作人员潜心研究古代壁画艺术，探讨中国传统绘画的技法，并多次主持或参与筹备国内外敦煌壁画展览，使敦煌艺术不断传播于世界各地。

　　1963年以后，在北京大学宿白先生的指导下，敦煌文物研究所开始了石窟考古研究工作。当时北京大学历史系考古专业毕业的樊锦诗、马世长被分配到敦煌文物研究所进行考古研究工作。宿白先生认为，石窟文物是艺术，必须要将考古与美术两方面的工作相结合，才能做好石窟考古工作。按照这一思路，当时研究所的常书鸿所长就派关友惠、刘玉权二位画家参加了考古工作。关友惠先生开始学习并掌握考古学的基本原理，在樊锦诗先生的带领下，对莫高窟的北朝和隋朝的石窟进行全面的考古分期排年工作。后来关友惠先生与樊锦诗、马世长、刘玉权先生合作发表了《敦煌莫高窟北朝洞窟的分期》《莫高窟隋代石窟分期》等论文，这些成果在学术界产生了重要影响。而关友惠先生在考古调查的基础上，又特别对敦煌壁画图案艺术进行了深入的分析研究，借鉴考古类型学的方法，在壁画艺术风格、样式的研究方面取得重要成果，陆续发表了有关敦煌石窟早期图案、隋朝图案及唐代图案的研究论文。2002年出版的《敦煌壁画全集·图案卷》（上下卷）集中呈现了关友惠先生数十年调查研究敦煌图案的成果，这部著作以缜密的思维、细腻的分析，把不同时期不同类型的图案以及相互关系阐释得非常清晰透彻，并从历史文化等方面对一些图案的源流进行了分析，可以说是第一次对敦煌石窟中图案艺术系统的总结，为今后的敦煌图案研究奠定了基础。

关友惠先生与无数敦煌石窟的保护、研究者一样，择一事终一生，对工作任劳任怨，对青年后学则是尽力扶持。他总是默默无闻，从不张扬。但是他的画作为我们今天认识和临摹古代壁画提供了重要参考，他的研究成果为我们后来的学术研究打下了基础，铺平了道路。

敦煌研究院的不少学者都是一家人，甚至几代人都在为敦煌的事业作着贡献。关友惠先生一家也是这样的艺术世家，他的女儿关晋文是画家、女婿李林是雕塑家，夫妇俩也在敦煌研究院美术研究所工作。从这本画集中，我们也可以看到后起之秀关晋文继承乃父在壁画临摹方面的成果。

《石窟面壁：关友惠关晋文
敦煌壁画临摹集》封面

作为新时代的画家，关晋文一方面进行古代壁画的学习临摹，一方面也在绘画创作上进行过多方面探索，她的作品多次参加全国或省级美术展览。她还常常参与现代壁画设计，成绩斐然。她在临摹方面采用了一些新的手法，不论是色彩的运用还是笔法的表现都可以看出时代的特色。其中有的临摹品进行了一些创新探索，如把唐僧取经的形象与唐代的山水壁画组合在一起，创造出另一层意境，而人物与背景山水又能达到和谐并保持着唐朝绘画的风格。有的是在色彩和笔法上做一些改变，形成新的特色。这些创意都是学习古代壁画的有益尝试。

敦煌艺术自古以来就是一代代相传的，传承创新是艺术发展的必由之路。艺术创新离不开传承，传承的意义就在于创新，一方面要把敦煌壁画这样的经典传统艺术学懂掌握好，另一方面也要面向当今社会，创造出既有时代特色，又有民族传统精神的新艺术。这是需要一代一代的艺术家们不断探索才能完成的使命。关友惠、关晋文父女的画集记录了两代人对敦煌艺术临摹研究的历程，也将为我们当今艺术的传承创新提供重要的参考。

（原载敦煌研究院编著《石窟面壁：关友惠关晋文敦煌壁画临摹集》，江苏凤凰美术出版社，2021 年）

《莫高轶事》序

早在1947年，孙儒僩先生就来到了敦煌莫高窟，与同仁们开创了敦煌石窟保护、研究的事业。那个年代，莫高窟没有电，他们喝的是宕泉河苦涩的水，生活条件极其艰苦。但是，为了保护和研究莫高窟这一人类文化遗产，孙儒僩先生和同仁们坚持下来了。那时，孙先生是唯一一位学建筑专业的，因此，凡是莫高窟前保护、加固、建设等问题，都由孙先生负责。不论是窟前的围墙、窟门，上下洞窟的台阶、栈道，还是河边的防洪堤坝等，都离不开孙先生。20世纪50年代，敦煌艺术研究所改名为敦煌文物研究所，80年代又扩建为敦煌研究院，孙儒僩先生先后担任敦煌文物研究所保护室主任、敦煌研究院保护研究所所长，在敦煌工作了近半个世纪，莫高窟、榆林窟、西千佛洞的许多重大保护工程都是孙先生主持或参与勘察、设计到最后完工，他为敦煌石窟的保护工程倾注了全部的精力。莫高窟、榆林窟、西千佛洞，留下了孙儒僩先生来来往往的足迹和辛勤的汗水。孙儒僩先生还参与了甘肃省炳灵寺石窟、麦积山石窟和天梯山石窟等地最初的调查与保护工程，为甘肃的石窟文物保护事业作出了重大的贡献。

孙儒僩先生在主持或参与一系列保护工程的同时，还致力于莫高窟建筑的研究，他长年累月对莫高窟的洞窟建筑，包括窟檐的木构建筑等进行了详尽的调查，同时对壁画中大量的古建筑图像作了深入的研究，发表了一系列学术论文，先后出版了《敦煌石窟全集·石窟建筑卷》《敦煌石窟全集·建筑画卷》《敦煌石窟保护与建筑》等著作，成为敦煌石窟建筑研究以及中国建筑史研究的重要参考。

　　“文革”时期，孙儒僩先生和夫人李其琼老师双双被打成“右派”，下放到四川的农村去务农。“文革”结束后，孙先生夫妇又无怨无悔地回到了莫高窟，因为这里有他们的事业和人生，他们牵挂着莫高窟的每一个洞窟，每一块壁画。直到退休后，孙儒僩先生仍在参与文物保护工程以及相关的学术活动，不断思考着敦煌石窟的保护工作，如今虽年逾九

孙儒僩（左）与夫人李其琼

旬，依然笔耕不辍。

2019年8月19日，习近平总书记视察敦煌莫高窟，并在敦煌研究院主持召开了座谈会，发表重要讲话，充分肯定了敦煌研究院七十多年来取得的丰硕成果，并对"坚守大漠，甘于奉献，勇于担当，开拓进取"的"莫高精神"给予高度赞扬。"莫高精神"正是以常书鸿、孙儒僩等先生为代表的一代又一代莫高窟人以生命和汗水铸就的精神理念，由于他们的执着与坚守，由于他们的担当与开拓，不仅敦煌石窟得到了妥善的保护和研究，而且还在石窟文物的科学保护、敦煌学研究等方面取得了令人瞩目的成就，以敦煌艺术为代表的中华优秀传统文化得以传承和弘扬。

1984年，我大学毕业来到敦煌研究院工作，对孙儒僩先生等前辈专家学者非常景仰。后来在与孙先生和夫人李其琼老师的接触中，感到他们为人亲切，平易近人，对我们年轻人非常关心。因此，也常常有机会向二位老师请教。又因为我在编辑部工作，李其琼老师的《李其琼敦煌壁画临摹选集》和《敦煌艺缘》都是我做责任编辑。其间有幸时常向孙、李二位前辈请教敦煌艺术的诸多问题。记得编辑《敦煌艺缘》一书时，孙先生就一定要我写序，他说我是懂得李其琼老师的画的。这次先生又嘱咐我为他的《莫高轶事》写序，不禁感慨系之。作为晚辈，我在敦煌研究院三十多年中，不断地受到老一辈学者们的关怀与熏陶，段文杰、史苇湘、孙儒僩、李其琼、贺世哲、施萍婷、樊锦诗、彭金章等可亲可敬的前辈们，给予我多方的关爱。他们的为人与为学，他们对敦煌石窟执着的热爱，不断地激励着我。孙儒僩先生虽已九十七岁高龄，仍然念念不忘敦煌石窟的保护与研究事业，他的一生就是"莫高精神"的最好诠释。

《莫高轶事》一书不仅真实地记录了几十年来与莫高窟的保护、研究相关的历史，而且让我们体会到老一辈专家在那个物质贫乏的艰苦年代，不计个人得失，一心扑在文物保护事业中的高尚品质。从中我们可以感受到老一辈学人一生的坚守和奉献。希望有更多的读者喜欢这本书。衷心祝愿孙儒僩先生健康、长寿！

2022年1月

天籁之声

——纪文凤女士的敦煌情

纪文凤，涉猎广告、投资、写作和教学等领域，通过艰苦的打拼，不断取得成果，曾获金紫荆星章、银紫荆星章、太平绅士等荣誉，先后任全国政协委员、云南省政协委员。她发起成立"无止桥慈善基金"，创办香港天籁敦煌乐团，以音乐弘扬敦煌文化，信仰"做好人、做好事"，被称为"香港大义工"。

缘　起

很早就知道香港大名鼎鼎的纪文凤女士，但不曾想到会有机会在一起聊天。2017年5月，我到香港代表敦煌研究院出席《敦煌韵致：饶宗颐教授学术艺术展》开幕式。仪式结束后，由于现场客人很多，主办方委托纪文凤女士陪同我晚餐。我们乘车去餐厅的路上，纪文凤女士问我敦煌古代有没有音乐方面的遗存，我就把壁画中的音乐形象以及藏经洞出土的唐代乐谱等情况简单地介绍了一下。纪文凤女士说，她

2018年5月，天籁敦煌乐团成立典礼的演奏场面

想组建一个乐队，一方面学习传承敦煌古代音乐，同时创作出适合于这个时代的音乐——也就是有敦煌风格的新音乐。她说这个乐团主要是由香港的年轻人组成，目的也在于让香港的年轻人了解并传承以敦煌为代表的中华传统文化。我觉得这个想法很好，传统艺术一定要有传承才有发展，而今天的艺术创新又离不开传统的基础。敦煌文化中有着极其丰富的音乐资源，目前对这些音乐资源的开发利用还远远不够，能够组建乐团传承创新太好了。

那以后，不到一年的时间，在纪文凤女士的努力下，一个由香港年轻音乐人组成的"天籁敦煌乐团"就组建起来了。2018年5月，我应邀出席香港天籁敦煌乐团成立的演出活动，在饶宗颐文化馆，见到了英姿飒爽的两位作曲家和八位音乐人。虽然乐团创作出来的曲目还不多，但我依稀看到了敦煌那悠远的古乐正在这些年轻人的努力下，一点点地散发出迷人声响。

在如此短的时间内快速组建了乐队并推出了一定的成果，令人十分吃惊。我不禁想起这一年来纪文凤女士率领这一批年轻人在敦煌努力钻研的情景：他们在洞窟里认真调查壁画；请敦煌研究院的专家讲课；到图书馆调查敦煌藏经洞出土的音乐文献；阅读学者们对敦煌乐谱的研究成果……虽然才创作了一小部分曲子，但他们把艺术的根基深深地扎在敦煌传统文化这个广博的土壤之中，相信将来一定会茁壮成长，成为参天大树。

那时我感到纪文凤女士的不可思议。难怪香港的朋友称她为"千手观音"。她真的是能量无穷，既有宏伟的理想，又有严密的方法和强大的执行力去实现理想。2018年秋天，香港天籁敦煌乐团在敦煌莫高窟九层楼前成功演出，实现了

2018年9月，天籁敦煌乐团在莫高窟九层楼前演出

在敦煌首演的愿望，仿佛为现代音乐界涌出了一股清泉，产生了广泛的社会反响。

无止桥的意义

在与香港朋友的接触中，我还了解到从2007年起，纪文凤女士就倡导举办"无止桥"的公益活动，意在号召中国和海外的大学生及专业人士义务为中国贫困地区农村设计和修建桥梁，开展农村示范和民生改善项目。为此，纪文凤发起了"无止桥慈善基金"。在中华人民共和国住房和城乡建设部的支持下，香港各界人士通过捐款和参与建设活动，帮助内地偏远山区建设桥梁，解决当地群众的生活问题。在第一个十年间，已完成了60多个项目，先后在云南、贵州、四川、重庆、甘肃等省市的农村建成了47座"无止桥"，3个农村示范项目，3个村民活动中心和民生改善项目。作为一个云南人，我深知家乡有很多山区，由于山高水深，交通阻塞，群众的生活极不方便，特别是孩子们上学都成了很大的问题。可以想见一座座"无止桥"修通，带给当地人民的是多么大的福利。在十多年的活动中，我国香港大学、香港中文大学、香港理工大学、台湾东海大学、清华大学、北京大学、重庆大学、东南大学等十六所大学，以及美国的斯坦福大学、伊利诺伊大学厄巴纳—香槟分校等学校都参与了这项活动。所以"无止桥"项目不仅仅是修桥，更是搭建了内地与香港、人与人沟通，特别是年轻人之间的沟通桥梁。纪文凤说："我们成立的宗旨是'无校界'，成为内地和香港两

2007年无止桥慈善基金成立典礼（前排左八为纪文凤女士）

地，甚至全球大学生的交流平台，相互结网联系。扩大人际关系脉络，学习谅解与包容。"纪文凤女士就是以这样深厚的情怀，全力去推动项目的成功。她以她的热情与执着，感染了很多人，使他们加入了这项影响广泛的慈善和交流活动。

"无止桥"的项目只是纪文凤进行的许多慈善工作之一。她在十多年前第一次到敦煌时，就被博大精深的敦煌艺术所震撼。当她了解到敦煌研究院数十年来在极其艰苦的条件下仍然坚持进行着文物的保护研究时，便积极支持敦煌石窟的保护工作。她先后十多次来敦煌，累计捐款四百多万元，用于壁画保护和数字化工程，并资助敦煌研究院两名年轻有为的研究人员先后到香港大学攻读研究生课程并取得了硕士学位。

让香港青年到敦煌来

纪文凤女士非常关注年轻人的成长和发展，对于青年的教育问题，她有着深远的思考和独特的方法。她曾在不同大学校董会工作过，为培育人才出谋献策。她倡导的"无止桥"项目，也是想透过修筑桥梁和基础设施，扶助贫困村民的同时，为内地和香港青年搭建"心桥"。

香港回归之后，不少香港青年对祖国传统文化知之甚少，纪文凤女士非常担忧。因为长期以来，香港受到西方文化的影响较大，特别是年轻人，过去受到的教育主要是西方模式。因此有一些香港青年对祖国传统文化不了解、不理解，这样不利于树立正确的人生观、世界观。纪文凤希望从教育的角度尽一点力量，引导年轻人了解中华优秀传统文化，参与内地的各类交流活动。当她了解到敦煌文化时，她感到敦煌正是启迪香港青年认识中华优秀传统文化的重要基地，纪文凤说："2010年我第一次踏足敦煌，已经有一种很奇怪、很强烈、很震撼的感觉：这是香港的前世今生！然后被樊锦诗院长所感动，我全情投入保护石窟壁画计划，带头响应为数字敦煌筹款。每年我还不辞劳苦地去组织香港的大学生、中学老师和社会领袖等到敦煌考察学习，心底里我最希望影响大家以敦煌作为教育基地，因为敦煌莫高窟这个中国独有的文化遗产，除了是古代艺术殿堂，还是中国历史、文化艺术、国际关系、建筑设计、音乐舞蹈，甚至道德教育的最好教材！"2016年4月，在纪文凤的推动下，香港青年广场举办了一系列"探艺敦煌"的活动，包括展览、分享会、艺术工作坊、"艺术文化大使"选拔等。这次活动加深了香港青年对敦煌文化的了解。

2018年起，纪文凤女士带领青年广场工作人员设计了较为系统的培训计划，提出了"香港青年敦煌实习计划"。这一项目很快就得到了香港特区政府的支持，这一年，选拔了15名香港青年在敦煌进行为期6星期的实习活动。他们请敦煌研究院的专家讲课，在敦煌研究院的相关部门见习文物保护、数字化工程、学术研究、旅游接待等方面工作，与敦煌研究院的员工进行交流，并在莫高窟当讲解员，体验为游客讲解的工作，可以说对敦煌文化相关的事业进行了全方位的了解，不仅加深了对敦煌文化的理解，还感受到了敦煌传统文化在广大游客中的反响。在短短的6周时间里，参与的香港青年们留下了他们人生最难忘的一段记忆。他们惊叹于祖国古代文化的精美绝伦，同时也深为敦煌研究院一代代学者为敦煌保护研究事业的执着所感动。

2019年，"香港青年敦煌实习计划"继续实施，选拔了16人到敦煌实习，取得了预期的效果。2020年之后，由于"新冠肺炎"的影响，项目暂时停止。2023年，这一项目重启。2024年，在香港特区政府的支持下，选派人员增加到了20人。至此累计有67名香港青年参与了这项活动。报名参加实习活动的青年主要是来自香港大学、香港中文大学、香港城市大学、香港浸会大学等大学的本科生、研究生。近两年我都会赴香港，与此项活动的发起人纪文凤女士一起从报名者中选拔优秀的青年到敦煌实习。我们发现报名者逐年增

参与2024年"香港青年敦煌实习计划"的老师和学员合影

香港民政与青年事务局局长麦美娟（前排左五）、活动发起者纪文凤（前排左七）、青年广场总经理林月琼（前排左八）等专程到敦煌参加开营式

加，评审、选拔的工作量比以前增加了不少，但看到这么多香港青年对敦煌充满向往，我们感到非常开心。越来越多的香港青年投入敦煌实习项目中来，学习和体会传统文化的精髓，并由衷地热爱敦煌文化，正是纪文凤女士筹办这个项目的初衷。已实施四届的青年实习项目，使一大批香港青年思想上产生了很大的变化，空前加深了对中华传统文化的理解和认识。不少参加实习的学员回到香港后都分别在不同场所，以不同的形式传播、弘扬敦煌艺术。

万籁有声奏敦煌

正是出于对敦煌艺术的无比热爱，纪文凤女士醉心于敦煌音乐的发掘与弘扬，近些年几乎投入了全部精力来支持天籁敦煌乐团的发展。

天籁敦煌乐团创办以后，连年举办线上线下音乐会数十场，甘圣希、朱启扬两位作曲家参考敦煌古谱，创作了数十首不拘一格的原创音乐，不仅实现了"古谱入音、古曲新诠"，还为传统音乐创出了新的意境。

2022年6月，为庆祝香港回归祖国25周年，也为庆祝香港故宫文化博物馆建成，香港天籁敦煌乐团与香港故宫文化博物馆联合举办"敦煌与故宫对话：飞越文化二千年"大型活动，把敦煌、故宫两处世界文化遗产地联系起来，用音乐艺术表达了对传统文化的敬意，表明了乐团始终把以敦煌、故宫为代表的中华优秀传统文化作为艺术创作的源头活水。我有幸参加了该活动，并聆听了乐团专门为这次活动创作的新曲，不由得沉浸在美妙音乐的氛围之中。特别是青年作曲家甘圣希创作的新曲《谢谢你的时间》，是真诚地向坚守在敦煌、故宫这样的文化遗产地的工作人员致敬的乐曲，清雅而幽静的情趣中显示出坚定的节奏，乐曲中仿制了敦煌壁画中的古乐器方响、琵琶、阮、笙等音色，既有宁静悠远的意境，又有执着炽热的情绪，令人感慨万千。

敦煌与香港，虽相隔千里、相距千年，但有种冥冥之中的因缘际会。纪文凤认为："敦煌是香港的前世今生，敦煌

2022年6月，出席"敦煌与故宫对话：飞越文化二千年"活动的王旭东（右）、纪文凤（中）、赵声良

与香港有着诸多相似之处，他们都是文化交流中心，多文化、多宗教、多民族，不同文化背景的人汇聚于此，也在不断催生新的文化。"

2023年，香港天籁敦煌乐团成立五周年时，在香港大会堂推出了大型音乐会"万籁有声：《天籁，地籁，人籁》"。"天籁，地籁，人籁"的概念源于《庄子·齐物论》。"籁"意指孔窍中所发出的声音。"人籁"是人所吹奏的声音；"地籁"是风吹自然孔穴之声；"天籁"，则是神秘而庄严的存在。

这次音乐会中，"天籁"篇章包含了《天籁》《水月澄明》《霓裳羽衣舞》。《天籁》是对敦煌壁画的感悟，以音乐来呈现立体的敦煌艺术；《水月澄明》以水月观音的主题体现慈悲的精神；《霓裳羽衣舞》同样源于唐代壁画中华丽乐舞场面的灵感，以音乐表现盛唐宫廷乐舞的华美生动。

　　"地籁"篇章由《梵音》《故宫》《青花十二月》组成，《梵音》表现尘世所不易感受的宁静与清澈；《故宫》呈现了故宫建筑、文物多元汇聚的丰富性；《青花十二月》则描绘出大自然在四季中的不同景象与情趣。

　　"人籁"篇章包含《阳关三叠》《水鼓子》《莫高精神》《谢谢你的时间》。前两曲都是对同名古典曲子的改编，注入了现代音乐的成分；《莫高精神》表现了千百年来人们为营造敦煌艺术而进行的努力，包括后来一些学者们对敦煌曲谱的倾心研究；《谢谢你的时间》表现时间的流动、生命的不息以及文化的累积，以此赞叹为敦煌、故宫这样的文化遗产

2022年8月天籁敦煌乐团表演时的场景

地营建与保护的人们。

"万籁有声：《天籁，地籁，人籁》"组曲围绕中华文化，透过1600年敦煌与600年故宫贯穿中华两千年历史，通过音乐与文物讲述了千年"天、地、人"的关系。纪文凤说："我最大的期望是，能够共同出心出力去守护'人类的敦煌'和'世界的故宫'。"因此，建立乐团，也可以用音乐来助力敦煌与故宫的保护与弘扬。

香港天籁敦煌乐团成立五年来，已创作了大约40首乐曲，并已在国内外十多个城市进行演出，通过音乐会把以敦煌、故宫为代表的中华优秀传统文化传播到各地，彰显了中

天籁敦煌乐团全体成员

左起：陈天姿（古筝）、甘圣希（作曲）、茹健朗（笙）、陈韵妍（琵琶）、朱启扬（作曲）、纪文凤（乐队创办人及荣誉团长）、郭梽曦（笛、箫）、刘慕华（阮）、陈俊燊（敲击）、谭诗蔚（敲击）、彭泳汶（阮）

华文明的博大精深。每听到乐团演出的新曲，看到乐团在不断成长，青年作曲家、演奏家在敦煌传统文化的熏陶下走得更加坚实，我就感到无比欣慰。中国传统音乐有数千年发展的历史，具有无比深厚的积淀和无穷的魅力。但到了近代，由于社会经济的发展主要在向西方看齐，于是文化艺术方面也倾向于以西方为主，传统音乐渐渐不受国人重视。在香港这个特别的环境中，传统音乐的发展更是举步维艰。但在纪文凤女士的倡导下，一批年轻人怀抱理想，努力奋争，坚持传承和弘扬中国传统音乐，并从丝绸之路上的敦煌艺术以及故宫传统文化中找到了音乐创新的动力。我相信敦煌与故宫文化的宏大力量将为他们的音乐创作输入源源不断的能量，绚丽多姿的敦煌艺术将为他们提供艺术的灵感，将来一定能取得越来越丰富的成果，拓宽中国传统音乐的道路，再创辉煌。

2024年6月

咬文嚼字

繁体字与简化字

一

前些天在网上看到有人谈论关于简化字与繁体字的争论等问题，有的人似乎认为把汉字简化了是一个错误。这使我想起了十多年前的一件事：那时，一位台湾朋友曾跟我争论过汉字的繁简问题。他认为，简化字是政府强制文化的结果。我向来是反对把学术问题跟政治扯在一起的，在这件事情上，我觉得台湾这个朋友存在一种政治偏见。我告诉他：汉字的简化问题是早在胡适和鲁迅那个时代就由一些专家们提出来的，伴随着白话文运动的发展，中国在汉语的文法方面已经全面改革了，文字则是到了20世纪60年代初才由政府以法令的形式颁布的，而在此前，国民政府也曾经试图进行过文字的改革。

最近，我又查了与汉字改革相关的历史事件等资料，为了说明这个问题，略举如下：

1909年（清宣统元年），鼓吹俗体字的《教育杂志》创刊，陆费逵在创刊号上发表《普通教育应当采用俗体字》。

1919年，北洋政府及后来的民国政府时期的教育部设立"国语统一筹备会"，其中还设有"汉字省体委员会"。1928年改组为"国语统一筹备委员会"。

1920年，钱玄同在《新青年》上发表《减省汉字笔画的提议》一文，主张推行简化字。

1922年，钱玄同等人提出一套具体的简化方案，其中提出8种简化策略，这是第一次系统提出汉字简化方法。

1928年，胡怀深的《简易字说》出版，这是为简化汉字服务的最早的资料专书。

1931年，徐泽敏的《常用简字研究》出版。

1932年，国语统一筹备委员会编的《国音常用字汇》出版，收入了宋元以来的大多习用简体字。

1934年1月，国语统一筹备委员会第二十九次常委会通过了钱玄同的《搜采固有而较适用的简体字案》，呈请教育部施行。

1934年，杜定友的《简字标准字表》出版。徐泽敏的《550俗字表》发表。

1934年，钱玄同又一次向国语统一筹备委员会提出《搜采固有而较适用的简体字案》。

1935年2月24日，上海《申报》首先刊载《手头字之提倡》的新闻报道，同时发表了《推行手头字缘起》和《手头字第一期字汇》二文。上海其他报刊纷纷响应，相继转载《推行手头字缘起》。手头字运动由蔡元培、邵力子、陶行知、郭沫若、胡愈之、陈望道、叶圣陶、巴金、老舍、郑振铎、朱自清、李公朴、艾思奇、郁达夫、胡蜂、林汉达、叶籁士等200位当时文化教育界知名人士以及《太白》《文学》《译文》《小朋友》《中学生》《新中华》《读书生活》《世界知识》等15家杂志社共同发起。《手头字第一期字汇》所收的300字大部分被1935年中华民国政府教育部颁布的《第一批简体字表》所采用。

1935年8月21日，中华民国教育部发布第11400号部令，正式公布《第一批简体字表》，采用了钱玄同所编《简体字谱》2400字中的324个，在当时又称"手头字"，这是政府第一次大规模推行简化汉字。

1935年8月22日，教育部制定公布了《各省市教育行政机关推行部颁简体字办法》。

1936年2月5日，教育部奉行政院命令，训令"简体字应暂缓推行"。《第一批简体字表》被收回废止。

1936年10月，容庚出版了《简体字典》，并且在燕京大学开设简体字课加以试验。

1949年10月10日，中国文字改革协会成立。

1955年10月15日至23日，中国文字改革委员会和教育部联合召开了全国文字改革会议。在会议中，修改了《汉字简化方案修正草案》中的19个简化字，取消了一个简化偏旁。会议一致通过了《汉字简化方案修正草案》和《第一批异体字整理表草案》。会后中国文字改革委员会根据会议的决议对《汉字简化方案修正草案》作了调整，简化字的字数由512个增加到515个，简化偏旁由56个减少到54个。修改后的草案经国务院汉字简化方案申请委员会审定。

1955年，公布《第一批异体字整理表》。

1956年1月28日，国务院全体会议第二十三次会议通过了《关于公布〈汉字简化方案〉的决议》。

1964年2月4日，国务院同意了1964年1月7日的"中国文字改革委员会关于简化字问题的请示"的报告，发布了《国务院关于同意中国文字改革委员会简化字问题的请示的通知》。

1964年5月，中国文字改革委员会出版了《简化字总表》。

从以上的历史事件中，我们可以看出：第一，20世纪50至60年代颁布的简化字方案，并不是临时想出来的，而是经过了几十年中国文化人研究探索的结果，至少是顺应历史发展的一个举措。第二，在那以前，汉字简化问题经历了半个多世纪的进程，反映了那个时代中国文化人对传统文字的思考以及对中国文化发展趋向的预测。

总之，简化字和繁体字到底哪个好，仁者见仁智者见智，是可以展开百家争鸣式的讨论的。但在历史上，繁体字改为简体字这件事本身，跟所谓政治运动完全不同，更不是到了新中国成立时才因政治需要而促成的。不明白这一点，误以为简化字是一些人按主观愿望搞起来的，或者以为是在政治形势下搞起来的，这个前提就错了。在这个错误的前提下来讨论，恐怕会一开始就带着偏见，无法客观地看待这一问题。

二

由于我们经过了"文化大革命"，经过了经济落后的时代，到了20世纪80年代时，大家都会觉得我国台湾、香港等地的文化艺术很好，那时，歌唱演员模仿港台歌星拿着话筒以温柔的声调唱歌是最时髦的了。出版物也是这样，很多书刊本来只是在大陆销售的，却偏要印成繁体字，也反映着这种倾向。

2000年前后，我曾在东京的一个中文学校任课，学校是由一位台湾教师创办的，但讲课所用的课本一律为简体字版本。那位校长都快六十岁了，还常常在上课前仔细用繁简字对照表看，担心上课时会不小心写出繁体字来。我给日本学生讲中文课时，学生们都要求选中国大陆编的教材，反对用台湾编的繁体字教材。我原以为他们是因为我来自大陆而这样选择，后来一个学生告诉我：以前他曾用台湾编的教材，学了一年多中文，可是到了大陆，发现大陆不用繁体字，写文章的文法习惯也有所不同，他很失望，只好重新学中文。包括美国和欧洲的一些学中文的人，都会有同样的体会，他们学了繁体字到中国大陆可能会没有用，所以他们坚决要求学简化字。

不过与此相对的是，在东京的好几家中文报纸，都采用繁体字排版。其实生活在日本的中国人中，来自中国台湾和港澳地区的人是极少的。为什么非要用繁体字呢？我在报社兼任编辑时，有很多机会去了解在日本的中国留学生，曾问过他们对中文报纸的看法，好几次碰到这样的回答：

"中文报纸么？读起来费劲。"

"为什么？是报纸内容太枯燥？"

"——嘿嘿！繁体字太多啦，很多不认得。"

这样的回答，尤其是"80后"的人最多。

我想，不考虑读者而一味用繁体字，这只是一种时髦，其本质是一种对自身文化的没有自信。

20世纪90年代初，我第一次在台湾的杂志上发表文章时，担心台湾同胞看不懂简化字，费了九牛二虎之力工工整整地用繁体字抄出了文章寄过去。后来，台湾那位编辑跟我说："其实你写简化字就可以，我们都能看懂。"最近又碰到类似的事，一位台湾学者给我们的杂志投稿，问我："繁体字你们认不认识？是不是要把文章改成简体字？"我请他放心，用繁体字来投稿，我们都能看懂。况且现在的电脑一键就可以把繁体字转换成简体字。

三

20世纪80年代后期，我曾经用了两年多时间来调查敦煌写经的书法，差不多浏览了英藏、法藏和北京图书馆藏的全部缩微胶卷，收集了不少书法的精品，后来选编了部分，辑成《敦煌书法库》（1—4辑）。那时，我才发现原来很多简化字是"古已有之"，比如"无"字，在东晋、南北朝时期的写经中大多写成"无"而不写"無"，阿弥陀佛的"弥"字，也不写"彌"而写成了"弥"，跟现在的简化字一样。后来发现这类简化字为数还不少。比如国家的"国"字，佛经的"经"字，以及"启"字、"与"字，都写得跟现代简化字一样，而没有写成繁体字的"國、經、啓、與"。还有一些字简化得跟现在不一样，比如"佛"字，简化成"仏"，跟现在的日文汉字一样，看来日本的简化汉字也是源于中国原来就有的简化字。还有一些字是简化一个偏旁的，如"為""焉""鳥"等字，下面都有四点，就把四点简化了，用一横来代替。

后来读了台湾著名敦煌学家潘重规先生的著作《敦煌俗字谱》，才知道敦煌写经中的这些"简化字"在古代被称为俗字，不能算是"正字"，按道理在正式场合是不能用的。但在一千五百多年前就有了这么多的"俗字"，而且在其后的一千多年间一直在使用，说明这些俗字的生命力还是很强的。在流通十分广泛的佛经中这样写了，说明人们都能看懂，换句话说，就是被广大民众认可了的。

2005年出版的南京师大黄征教授编的皇皇巨著《敦煌俗字典》，从浩瀚的敦煌文献中选出3500多个俗字编成字典，使我们可以查到敦煌写本中的各种各样的俗字，可以说是解读敦煌文献必不可少的工具书。黄征先生还把敦煌俗字归纳出10类41种，使我们了解到敦煌俗字的一些规律，从而能够辨明俗字的特点。在这些类别中，因为简化而形成的俗字，占的比重是很大的，说明古人在抄写佛经等文书时，还是由书写的方便这个基本点出发的。尽管在古代社会中并没有完全认可这些俗体字，但从它流传之广（敦煌文献并不仅仅是敦煌本地的文献，而是来自全国各地的，这一点已成为学界的共识），流传时间之久，就可知道简化汉字——这种愿望实际上是很早很早就产生了的。

中国的文字如果从时代发展来看，经过了甲骨文、金文、篆书、隶书、草书、楷书等形式的演变、发展。之所以会演变，就是要跟上时代的发展步伐，与时俱进。楷书确定之后，中国字就定型了，再没有根本性的改变。但具体到一些字，则会出现某些改变。而由繁入简，则是大部分汉字变化的大趋势。虽然在汉朝就有了草书，但草书与楷书的差距太大，而且有不少字的草书形式相似，往往难以区分，普通人要认识和书写都比较困难，这只是从章草来说了。要说起书法上所谓"狂草"，书写者在艺术上的变化，就不是一般人能够认得准的。因此，草书虽然有书写较快的特点，但注定不可能在群众中普及。那么，把那些笔画太多的字进行简化，就是较为可行的选择。千百年来中国人已进行过很多字形的简化，并逐步成为普遍采用的字形。其中仍有一些虽然已在民间流行了，但长期未能得到官方的承认。直到进入20世纪，随着封建制度的消亡，中国的文化人开始正视文字简化的问题。但也经过了数十年的酝酿，一代代学者为此作出了积极的贡献，终于在20世纪60年代由政府制定了简化字的方案。这应该是20世纪中国文化史上的一项重大成就。即使仍然存在个别简化字不太合理的情况，但简化字充分体现了中国汉字发展的一个趋势，解决了很大的实用问题，其功劳是不可抹杀的。

当然，由于文字具有约定俗成的功能，首先，简化字中，有相当一部分就是过去千百年间已经流行的简化字；其次，通过简化偏旁部首，每个简化的偏旁部首都有固定对应的繁体部首，这样就使人们在应用简化字时易于识别和理解；再次，简化字基本上没有违背汉字造型的象形、会意、形声、指示等基本的原则。因此，简化字并没有割断与数千年中国汉字发展的历史联系。作为一种文字，必须有相当长的稳定期，不应该总在变化。在20世纪60年代做了大规模的汉字简化之后，本应该持续稳定相当长的时间。但在20世纪80年代一度进行的第二次简化，不太符合文字发展的规律，而且，其中一些字完全没有按汉字的规律来简化。因此，第二次文字简化很快就流产了。

近些年，由于电脑的普及，汉字书写渐渐被电脑输入所取代。于是，有人就认为简化字是没有必要的，继而对20世纪的简化字方案进行了完全否定。这是一种极端化的思考方式。如果我们了解了汉字简化的历史，就知道汉字简化本来是一个历史发展的产物。在20世纪60年代，通过政府主导而彻底实施了简化字，使几代文化精英们的努力付诸现实，这是一件了不起的事件。经过近60年的历程，简化字已经深入人心。当然，繁体字依然会存在，尤其是那些从事与历史、考古、文物相关的工作者必须要懂得繁体字。汉字书法也仍然会较多地采用繁体字，但同时简化字书法也并行不悖（比如著名书法家启功先生就写过不少简化字书法）。

2007年12月

"说服"怎么就成了"睡服"

　　其实这个问题在头脑中盘旋，已经有好几年了。某一次看电视，听主持人把"说服"说成"说（shuì，睡）服"，当时还很奇怪，会不会是讲错了？但后来好多次看电视，都听到"睡服"，不由得自我怀疑起来：会不会是我一直就读错了？虽然一直有疑问，但也并没有着急去考证一下。以后有好几次跟人聊天时，遇到要讲"说服"一词的时候，竟也改口讲"睡服"了。

　　但心里仍然觉得有点怪。终于有一天，忍不住了，去找来最新版本的《现代汉语词典》查了一查，"说服"一词的读音明确的是"shuō fú"，才明白本来自己是读对了的，却还是随大流人云亦云了。

　　说，虽然也有读"shuì"音的，《现代汉语词典》解释为："用话劝说使人听从自己的意见。"但在古代汉语中，按这一意思的"说"字通常是单独作为动词使用，如"孟子说梁惠王"等。后来有了双音节词"游说"，词意也有扩展。至于"说客"一词，则成了偏正结构的复合名词了。古汉语中并没有"说服"一词，因为古汉语大体是用单音节词，而现代汉语多是双音节词或多音节词。《辞源》中没有"说服"一词，因为"说服"是现代词。大概因为"说服"一词与古汉语中读"shuì"的"说"字意义相关，所以，有人会误把"说服"读成"睡服"。

实际上我的同学袁因在1999年出版的《辨字琐谈——文化人似懂非懂的常见字》一书中已经指出过"说服"一词的读音容易被人误读为"睡服"，只是一般的人很少注意到这本十分有用的书。

这样的事，使我想起了十几年前在一次学术讨论会上的事。因为研究佛教艺术，往往会遇到一些奇怪的字。敦煌壁画中有一幅故事画叫作"睒子本生"，"睒"字读shǎn，同"陕"音。有一位发言者是某寺院的僧人，他讲的是关于睒子本生的问题，可是却把"睒"误读成"yán，炎"，而且一直充满自信地讲"炎子本生"。我们听了十分愕然。到了发言结束时，连主持人也改口讲"炎子本生"了。那时，心中感到奇怪，连忙跑去找字典查，却实在查不出"睒"字有"炎"的发音。事后，我悄悄地问那位主持人老师，"睒"字怎么读成"炎"啦？那位老师说："我当时想，人家是僧人——佛教专家呀，他讲得那么自信，只能是我们读错了。"我们都笑了。

不过，与学术研究相关的一些生僻字，错了倒也影响不大，因为毕竟使用范围较小。而一些常用字，又是在公众媒体上出错，影响就很不好了，连很多本来读正确发音的人，也不得不改成错误的读音，可见其危害。

2008年1月

元旦是兔年还是龙年

突然发现收到的一份贺年卡上，落款是"辛卯年元旦"，不觉笑道：新年已是壬辰年了啊，这位朋友还没有转过神来。

不过，接下来一想，不禁哑然失笑：到底是自己错了，还是别人错了？

我们现在所说的元旦是按公历来算的，也就是2012年1月1日。如果按传统农历的壬辰年——通常所说的龙年，其实还没有到来。那么，贺年卡上写辛卯年本来也没有错啊，毕竟公历的1月1日在农历还是辛卯年的腊月初八。问题是与辛卯年对应的是2011年，那么辛卯年元旦就可能被认为是2011年元旦。这么一想就相差一年了。

那么，到底公历的元旦算是兔年还是龙年呢？

这件事，实际上也反映了中国传统与现代接轨必然出现的尴尬。传统文化是不可能与现代完全接轨的，其间需要有宽容度。对传统来说需要有一定改变的容忍度，而对充满了"科学"性的现代来说，更需要有容忍度。否则，日子就没法过了。

不过还好的是，并没有因为传统的农历与来自西方的公历不完全接轨，而使中国人没法过日子。我们采用公历至少也有五六十年了吧，至今仍然没有废止旧的农历，恐怕也说明了中国传统的农历还是有科学性的，最起码其中的二十四节气以及月亮的朔望规律要比西方的公历还科学而且具有实用性。

我常想，要是有一天完全采用了公历，废除了中国的农历，恐怕我们过元宵节、中秋节时看到的月亮就不会是圆的了，甚至根本看不到月亮了。

这么说，我们现在还真是很幸运的。那么元旦是辛卯年还是壬辰年，又有什么要紧的呢？

2012年1月

泰戈尔的诗及翻译诸问题

　　大学期间就十分喜欢泰戈尔的诗，先是读《飞鸟集》《新月集》《园丁集》……直到后来读了《吉檀迦利》。差不多把能找到的泰戈尔的诗都找来读了。觉得这些诗清纯无比，其中的爱情诗则是一往情深又高雅含蓄。

　　我以为泰戈尔的诗表现的性格和思维方式，特别适合于东方人。后来到了日本，跟日本朋友谈起泰戈尔，却几乎无人响应。原来，大多数日本人并不了解泰戈尔。总是觉得不可思议，就到图书馆找翻译成日文的泰戈尔诗集，读了之后才发觉日文翻译得味同嚼蜡，一点诗意都没有了。我曾经试着把日语翻译的泰戈尔诗转译成汉语，感到十分可怕——那就是没有任何文学修养的人说出的大白话。

　　才想到翻译之事原来是大有讲究的。泰戈尔在中国真是太走运啦。他的诗一介绍到中国来，就由冰心和郑振铎翻译出来。这两个人都是当时中国的一流诗人和文学家。一方面译者能从文学的角度真正读懂原作的深刻的诗意，另一方面译者有着一流的驾驭中国语言的能力。我常常想，要是没有冰心和郑振铎的翻译，中国人又能有多少理解和喜欢泰戈尔的呢？

翻译其实包含了两个方面的问题，一是要读懂原文，二是要有能力用另一种语言把原文意思完整地表达出来。而文学翻译则不仅仅要求表达原文的意思，而是要把原文中作为文学的艺术性表现出来。换句话说，文学作品本来就不是单纯讲一件事，特别是诗，它以什么样的语言来表达，正体现着作者的无限丰富而细微的情怀。不能理解这种情怀，仅仅从字面上的意思读，就不能体会其中之"味"——就像人类的饮食，高级的餐饮不仅仅是为了吃饱的问题，而是要品尝其中之味的。所以，如果只是把吃饱的问题解决了，却不能把"味"传达出来，这样的翻译是不能算成功的，至少是不能去翻译文学作品（尤其是诗歌）的。

像《吉檀迦利》这样富有浓厚宗教精神却又有细腻无比诗情的作品，除了冰心，我不知道还有谁能翻译好。而这些由冰心以中文的形式重新塑造出来的美丽的诗篇，会使中国人永远都感到不朽。

以下让我们欣赏一下冰心翻译的泰戈尔诗的节选：①

《园丁集》之十六

手握着手，眼恋着眼，这样开始了我们的心的纪录。

这是三月的月明之夜；空气里有凤仙花的芬芳；我的横笛抛在地上，你的花串也没有编成。

---

① 选文均引自冰心译《泰戈尔诗选：吉檀迦利、园丁集》，湖南人民出版社，1982年。

你我之间的爱象歌曲一样单纯。

你橙黄色的面纱使我眼睛陶醉。

你给我编的茉莉花环使我心震颤，象是受到了赞扬。

这是一个又予又留、又隐又现的游戏；有些微笑，有些娇羞，也有些甜柔的无用的抵拦。

你我之间的爱象歌曲一样单纯。

没有现在以外的神秘；不强求那做不到的事情；没有魅惑后面的阴影；没有黑暗深处的探索。

你我之间的爱象歌曲一样单纯。

我们没有走出一切语言之外进入永远的沉默；我们没有向空举手寻求希望以外的东西。

我们付与，我们取得，这就够了。

我们没有把喜乐压成微尘来榨取痛苦之酒。

你我之间的爱象歌曲一样单纯。

《吉檀迦利》其三十四

只要我一息尚存，我就称你为我的一切。

只要我一诚不灭，我就感觉到你在我的四周。任何事情我都来请教你，任何时候都把我的爱献上给你。

只要我一息尚存，我就永不把你藏匿起来。

只要把我和你的意旨锁在一起的脚镣还留着一小段，你的意旨就在我的生命中实现——这脚镣就是你的爱。

《吉檀迦利》其三十五

在那里，心是无畏的，头也抬得高昂；

在那里，知识是自由的；

在那里，世界还没有被狭小的家园的墙隔成片段；

在那里，话是从真理的深处说出；

在那里，不懈的努力向着"完美"伸臂；

在那里，理智的清泉没有沉没在积雪的荒漠之中；

在那里，心灵是受你的指引，走向那不断放宽的思想与行为——

进入那自由的天国，我的父啊，让我的国家觉醒起来吧。

2006年4月

元宵节的灯和唐朝的奢华

今天是元宵节，外面不断传来阵阵鞭炮声。

从窗外望去，焰火已照亮了城市的夜晚。街上到处都悬挂着各式各样的灯。在黄河边的一些公园绿地，前些时早已建起了造型各异的灯。真是一片灯的海洋。难怪元宵节也叫作灯节。

说起元宵节看灯，早在唐朝的时候，已有了放灯的习惯。

按唐人笔记《朝野佥载》所记，唐睿宗先天二年（713）正月十五、十六夜，在当时首都长安的安福门外建起了高二十丈的灯轮，还装饰了罗绮锦绣以及金玉等，十分华丽。在灯轮上燃起五万多盏灯，看起来就像花树一般。皇帝让数千宫女穿着华丽的衣服，在灯轮旁歌舞达三昼夜。在这个欢乐的时刻，长安的仕女们也都来参加娱乐。

在没有电的古代，夜晚能否也像现在这样欣赏彩灯呢？从唐人的记录来看，那时的人们自然有他们的办法过夜生活。这样的情景在当时一定是激发诗人灵感的一件事了。所以唐诗中就有不少描绘元宵灯会的诗。如唐武则天时代苏味道所作《正月十五夜》：

火树银花合，星桥铁锁开。

暗尘随马去，明月逐人来。

游伎皆秾李，行歌尽落梅。

金吾不禁夜，玉漏莫相催。

大诗人卢照邻也写过《十五夜观灯》的诗，他描述的元宵节燃灯盛况有"接汉疑星落，依楼似月悬"的名句。著名诗人元稹也有描写灯节的诗篇《灯影》：

洛阳昼夜无车马，漫挂红纱满树头。

见说平时灯影里，玄宗潜伴太真游。

不过，说来说去，唐代的灯轮，所谓"火树银花"到底是什么样子，包括很多历史学家也说不清楚。实际上在敦煌的唐代壁画中就画有不少灯轮、灯台的样子，从这些壁画上就可以印证历史文献中的记载。如第220窟这个有明确纪年，建于唐代贞观十六年（642）的洞窟里，就画出了唐代的灯轮，以及在灯轮旁边舞蹈的舞伎。从中我们可以对唐代的灯轮有真实的感受。第220窟的北壁，画的是药师经变。按佛经的意思，燃灯供养是对药师佛供养的一种方法。因此，在画面的正中有一座灯楼，可以看出约有十层，每一层摆放着数十盏油灯。在两旁还各有一株灯树：中央是树干——一个较粗的柱子，在柱子上分三层呈放射状向周围伸出"树枝"，形成轮形。每一层的树枝上可见一个个小型的

莫高窟第220窟北壁灯轮　初唐

圆圈。旁边有两个天人，一人蹲下点燃油灯，另一人站着正小心翼翼地把点燃的油灯放进灯轮上的小圆圈。这一幅壁画中，我们看到了唐代的灯楼、灯树，也就知道了唐朝人所说的灯轮。类似的灯轮，从隋朝开始，就在敦煌壁画中不断地出现了。而且从出土文物来看，早在汉代就已有青铜制的灯树了。显然古人对明亮灯火的追求由来已久。

在没有电灯的时代，一盏油灯是多么的暗淡。然而，如果能组合出千万盏这些小油灯，那将是多么华丽而奇妙的光芒。

2011年2月

唐朝的行为艺术

记得一年前方闻先生来敦煌时，我们一起徜徉于绚丽的古代壁画之间，忘记了时间。我们都在感叹隋唐壁画艺术是那样的辉煌，不由得异口同声地说起苏东坡那几句名言：

> 诗至于杜子美，文至于韩退之，书至于颜鲁公，画至于吴道子，而古今之变，天下之能事毕矣。

方先生反复跟我说，中国的绘画到了唐代达到一个顶峰，是西方不可企及的。所以当我们出现了带有抽象意味的文人绘画的时代，西方还在向着具体化努力呢。

这样一想，我感到如果考察西方近现代绘画的发展轨迹，总有点与唐五代的中国绘画走的路子相似。因为具象表现达到了一个高峰之后，会使后来的画家们感到无法超越。而艺术到了无法超越的时候，对艺术家来说是十分压抑的，因为没有创新的艺术在任何时代都不会被人称道。于是，接下来自然就会产生对传统绘画的反动。

唐朝的吴道子，在人物画、山水画方面都达到了极高的水平，被称为"画圣"。他画壁画从来不用界尺和圆规，凭手在墙上画出一个圆形。所以，吴道子画画也是一件吸引人的事。每当吴道子作画时，寺院里都会"观者如堵"。于是，画画的行动本身就有了观赏的意义。这样的结果，就产生了一些以作画行为来吸引人观赏的画家，这些画家就是今天我们说的"行为艺术家"。

唐代画家张璪喜欢用秃毫画画，有时甚至用手指直接在绢上作画。但这在唐人也不算什么稀奇。水墨画家王默，则是用头发蘸了墨，在绢上作画。古人皆留长发，但用头发来画画，就只好用头抵在绢上，那样子一定跟今天跳霹雳舞，以头朝地跳起来的样子相似，这样一个作画的过程，就很具有表演性，应该是很好看的。

还有一个行为艺术家，我们只知道他姓顾，是个南方人（吴人），因为画山水比较有名，得以经常出入于官宦贵族之家。他画画时，先把几十幅绢铺在地上，有十几个人吹角击鼓，上百人齐声吼叫。画家喝酒到半酣的时候，以锦缠头，穿着锦袄，绕着绢跑十几转，一边跑一边在绢上涂墨汁，然后涂颜色。又取一块长巾，让人坐在上面，他扯着巾的一角在上面拉，拉过几遍之后，他就根据绢上形成的痕迹，随势画成或峰峦，或水流，或树木，或岛屿。如此场面，不能不说是壮观。有吹打乐舞，还有作画的架势，要是在今天，绝对是个很叫座的电视节目。

不过，顾氏有点遗憾的是，在一千年后的今天，一些中国现代的行为艺术家早已把他忘记了，而去向西方学习行为艺术。

2010年1月

想起了京剧唱腔

虽说是随时都要在莫高窟工作，但每次进入洞窟，仔细观摩那些壁画，都有一种新鲜感。甚至会像一个初来乍到的观光客一样，对一切都充满了好奇之心。也许这就是敦煌壁画的魅力吧！

这次由于有朋友自远方来，不免要领着客人走进自己看过了数百遍的洞窟。就在第158窟，我突然被南壁涅槃经变中人物的生动形象所感动，想起了前些天刚看过的几幅壁画。那是画册上选的壁画局部的人头像的图片，图片上把人物头像作了特写，光看头像，会感到画家用夸张的手法，把人物表情都扩大了。如果不注意细部的渲染，差不多有一种观看漫画的感觉。但线描的笔法与造型的生动，总是令人敬佩的。我那时想，这可能是唐代壁画人物造型的一种夸张手法吧。而这次在洞窟中，远远地看着同样的这些人物，却分明是活生生地行动在墙壁上，那样富于表情，那样充满动感。因为墙壁很高很大，又不能到跟前看，只能远观。而这远观恰好正体现了作者想要表达的那份效果。

至此，我才真正明白了唐朝画家的高深之处。壁画不是像卷轴画那样用来近观的，它那样高，前面又有佛像等，不

莫高窟第158窟南壁佛弟子哀图　中唐

容许观者走到跟前去，画家就是适应这样的条件来表现人物的，从这个意义上讲，壁画比起卷轴画来，难度大得多了。更不用说，画家不能像在小幅纸上画画那样在平放着的几案上作画，而是必须握着毛笔站在墙壁跟前画下每一根线。我以前曾经说过，对于唐朝画家来说，最杰出的作品几乎都是在壁画上的，如画史上为人称道的阎立本在凌烟阁画的唐朝开国功臣图，吴道子在寺院画地狱变等。而现在传世的那些所谓唐人的画（卷轴画），基本上不见于画史记载，最多就是画家的小品而已。

当我想到这些壁画时，不知怎么会想起京剧。京剧或者其他传统戏剧的唱腔是最为高亢的，因为在京剧形成的那个时代，肯定是没有麦克风、没有现代意义上的剧场的。唱戏的人往往是在露天搭起戏台，演员们就登台演唱了。周围围起一大群人，如果嗓音没有足够洪亮，恐怕是吸引不了人的。像现在很多流行歌手操着沙哑的嗓子，不用麦克风贴着嘴唇就唱不出声的情况，在那时的戏台上，绝对是不会有人喜欢的。西方的歌剧，也是这个道理，所以唱歌剧或花腔的男女高音演员，在容纳数百人的剧场里，根本用不着扩音器，每个人都能听到他的歌声。

而现代社会的一个变化，就是扩音器、麦克风被发明并流行起来了。于是，唱京剧也可以用麦克风取巧，听起来似乎声音也很洪亮，但比起那种在露天演唱的功夫，到底是差远了。

这里，我们差不多可以看出传统艺术继承中，面临的一种尴尬：由于我们拥有了很多现代化的手段，我们似乎可以采用一些新的手法来表现出古人也许要辛苦几十年才达到的效果。但结果却是，现代人的很多貌似宏伟的艺术创作，显得是那样的空洞无物，经不起时间的考验。尤其是其中体现修养与功底的东西变得越来越贫乏。

虽然我们可以采用很多现代化的手段，但是作为一个艺人的基本功，那是假不了的。艰苦磨炼形成深厚的功夫，并以这样的功夫加之艺术的造化，才有望创造出较为高层次的艺术来。

2007年10月

敦煌古代写经手的报酬

不久前看了央视纪录片频道播放的《汉字五千年》，以汉字的发展为中心，讲述中华悠久文明，觉得非常有意思。后来看到第六集，大概是因为引用了敦煌文书，更加关注。其中讲到敦煌写经，提到法国藏的一件出自敦煌的文书，上面记录了当时写经手的报酬。这是法国国立吉美亚洲艺术博物馆藏P.2912号文书（电视节目误为P.2192），其中有如下内容的记录：

> 写《大般若经》一部，施银盘子叁枚，共卅五两。麦壹百硕、粟五十硕、粉肆斤。右施上件物写经谨请炫和上（尚）收掌货卖充写经直，纸墨笔自供足，谨疏。四月八日弟子康秀华。

这段话用现代汉语来讲，意思是写《大般若经》一部，施舍银盘子三个（折合三十五两银）、麦一百硕（"硕"是当时的量词，类似斗、升之类）、粟五十硕。施舍上述物品来请求写经，谨请炫和尚收下（这些物品）拿去变卖来充当写经的费用。（写经所用的）纸、墨、笔则自会提供。谨

敦煌写本P.2912号题记部分

致，四月八日弟子康秀华。

电视节目中讲，当时的写经手日子还是过得很富足的。因为经专家们计算，施舍的这些物品，按当时的价格来算，相当于3000斤小麦。猛然一听，还真是这样，抄一部佛经就得到这么多粮食，写经手的收入颇丰啊！

不过，世界上怕就怕"认真"二字，能否认真考察一下：写这么一部经，到底要写多少字？写几天才能完成呢？

如果这个报酬很高，到底高到什么程度呢？

于是就查了一下《大藏经》中的《大般若经》以及相关的介绍文章。这一查，还真是吓人一跳：原来这《大般若经》大有来头，要想抄写一部，绝不是简单的事。

《大般若经》为唐代玄奘法师翻译，据《大慈恩寺三藏法师传》所记。玄奘曾由印度求得《大般若经》总二十万颂的梵本三部回国。因在长安事务繁多，而《大般若经》部帙巨大，需要在安静之地专心翻译，他便请得朝廷许可，于显庆四年（659）冬十月将其由长安移至坊州玉华宫寺，从翌年春正月一日开始翻译此经，直到龙朔三年（663）冬十月二十三日才翻译完成这部600卷的巨著。

想当年玄奘法师译经，并非孤身一人，而是率一批弟子一起译经，用现在的话说，是有一个强有力的团队的。即使这样，还用了近4年的时光，可知此经规模巨大，卷帙浩繁。按相关资料的统计，全书达480万字。即使按我们现代的印刷排版，以现在流行的开本排，姑且一页排1000字吧，这部经典也要排成4800页了。以一部书四五百页的规模，就要排成10本书。

用手抄写的写经会怎样呢？隋唐时期抄经的纸是有定制的，按现存敦煌写经中一件宫廷写经为例，每张纸宽47.4厘米，高26.2厘米。其中每张纸写字26~28行，每行17字。也就是说，一张纸可以抄476字。《大般若经》共600卷，一卷大约8000字，需要17张纸才能抄完一卷，整部佛经则需要10200张纸。古代经卷是把抄好的经文，一张一张粘接起来。根据内容，把这样一长段写经卷起来，称为"卷"。

我们还是以现代人的算法来计算一下，一个人用毛笔工工整整地写小楷，一天能写多少字吧。当然还要考虑到抄经之前，总还是要先准备笔墨。古人可没有现在的墨汁，每次写字，都要先研墨的，研墨绝不是一件省时的事情。另外，有时总免不了会抄错字。抄错之后，就需要修改。这也是费时间的。所以，把这些时间包括进去，大体我们按一个中等水平的人，每天抄写小楷大约可以写3000字。这个速度很快了，我自己是很难达到的。

最近又看到电视上有专家介绍《四库全书》的抄写，据说为了保证抄写质量，规定抄写者一人每天只抄1000字。因为这是清朝的事情，大体都有记录，这个说法是有依据的。也许一个地方寺院抄经不会像清朝宫廷编纂《四库全书》那么正规和严格，那我们就折中一下：按一人一天抄2000字计算。如果一个人从头到尾抄完这部《大般若经》的话，需要2400天，折算为六年七个月（当然还要保证抄经人不要生病，不要回家过年或去度假旅游）。也可以六个人同时抄写，那么也得花一年一个月零五天。再深入算下来，一个人平均每天可以有1.25斤小麦（注意，这是中国的"斤"，折算成625克）。这样的话，我很担心：那3000斤小麦恐怕还不够抄经手的基本生活。

这样看来，当时的这点报酬，对于抄经手来说，实在是太低了，连勉强糊口都很成问题。电视节目讲抄经手"过得很富足"，显然是错误的。

不过，我又想到一个问题。我们总是按现在这个商业社会的思想来考虑问题，却不知道古人是有信仰的。他们根本就不是为了钱而抄经。通常在寺院中是有一些职业抄经手的，他们或者是虔诚的信众，或者是寺院中的僧人，本来就不靠抄经糊口。抄写佛经，只不过是他们的功课而已。而且，寺院中抄经手不止一人，可能是几个人组成一个小组同时抄，其中还有人担任校对，发现错误，就要改正。即使没有人送钱送物以求抄经，他们仍然会不停地抄写佛经，以供寺院佛事之用，或者用以赠送给信众。

当然，寺院是会供给他们日常生活开销的，至少一日三餐没有问题。那么，当有信众需要抄写一部佛经时，他们可以向寺院施舍一些钱或物，以表达他们的虔诚。至于这些钱物与抄经的成本是否相当，就不能仔细计算了，否则就成了商业交易，哪里还谈得上信仰呢！这样看来，我这样斤斤计较，也还是缺少"佛性"呢！

（原题《揭秘敦煌古代写经手的报酬》，载《中国书法报》2015年12月22日第8版）

"临帖"及其他

　　最近看了一个书法展览，叫"临帖展"，展品都是临摹古代碑帖的，并非原创作品。虽说我们看不到一件是书写者自己创造的，但在这些临摹学习的习作展览中，却体现着主办者的一种理念的转变。

　　中国人是最善于创造的，这在世界上都广为人知。因为讲究创造，一般来说中国人对临摹品、仿制品评价是不会太高的。这当然很好理解，比起真正的创作来，临摹品毕竟是仿制的。然而人们往往把学习过程中的临摹跟创作过程混淆起来，以为既然创作为高，就不需临摹，或者临摹也不必下多大功夫了。这一点充分地体现在中国现代的艺术教育之中，不重临摹与学习借鉴，片面地强调创作，结果是在创作中体现出来的基本技巧、基本素质十分低下。也许这正是出现"临帖展"的背景吧。

　　我以为与其大量地随心所欲地"创造"出那种缺乏扎实基本功、缺乏文化厚度乃至缺乏美感的所谓书法作品，倒不如认认真真地临摹古今名帖，于人于己都会有好处。

　　人的学习是从模仿开始的，不论是学语言，还是学艺术，都有一个模仿的过程，然后在这个基础上寻求自己的个性与风格。尤其对于艺术名家名作，模仿成功了，就等于站在巨人的肩膀上了，那种创作的自由感便自然产生了。然而学习者出于种种心态往往不能专心地模仿，其中最大的影响其实就是急于求成的心态，总想尽快地从名家的风格中走出来，形成自己的一套。

当然很多成功者都比较强调不要一味模仿，"似我者死"——这是某位艺术家说过的名言。于是，学习者较为担心的是学得太多了，总受某家某派的影响，就走不出来了。甚至刚开始学习的人，就会对这一点忧心忡忡，以为如果真的学得太像了，就会过分被名家所影响而没有了自己的面目。这样，他就一直徘徊在某座艺术殿堂的门口，因为怕进去出不来，所以宁肯不进去。这样的结果是永远也不知道那艺术殿堂真正宏伟博大之处。倒也因此没有影响他的"创作"，因为他没有深入艺术殿堂，还不知道真正的艺术应该具备的那些规矩，他当然就会毫无顾忌地"创造"出一大批属于他"自己风格"的作品来，倒也沾沾自喜——因为他永远也不懂得真正的艺术精品是什么。曾经认识一位某美术学院毕业的朋友，他的创作不可谓不勤奋：据说"灵感"来时，一个晚上不睡觉，可画出数十幅国画来。当他热情洋溢地邀我去参观这些大作时，我也目瞪口呆了。后来我只好劝他还是花点工夫，用几天甚至几个月时间，精益求精地只画一幅画试一试。

过早地摆脱了某一老师或某一学习对象的影响，也许当时看来是较能轻松地"创作"了，但如果功力没有达到一定的层次，这种创作就一直在低层次徘徊，连自己也不明白。

这时倒不如认真地临摹一点真正的好作品，至少可以提升自己的理解力，知道怎样的作品才算是好的。

人刚生下来是不会说话的，但婴儿从小就毫无偏见地模仿大人说话，最后每个长大的人（除了有生理缺陷者外）竟都会说话了。而且，我们从小就模仿着别人说话，最后竟都形成了自己讲话的语调、风格等，跟谁也不像，周围熟悉的人一听话音，便可知道这是谁了。还没有听说谁因为从小学了别人的讲话，终于不会讲自己的话的。

可是在学艺术方面，人们却总是容易担心学到最后没有了"自我"。

张大千在学习古人方面可以算是一个不抱偏见的人了，他模仿石涛是可以乱真的，后来又下了很大的功夫临摹敦煌壁画。算起来，在中国现代画家中以较多时间和精力用于临摹的，张大千可算是其中之最了。然而谁也没有觉得这位画家学了别人就没有了自己，或者是从传统中"走不出来了"。

既然是学习，既然是临摹，就要临摹得逼真，从而领悟到原作的精神真髓，从而掌握其中高超的技法。有些临帖者在临帖的时候总想稍作变化，以体现出自己的创造性，却不知这样是影响了自己对书法原作精神的理解，这一点小聪明，真是有害而无益的。就好比一个人求师，一边跟着师傅学，一边却认为自己比师傅还高一筹。其实任何人都不是完美的，任何伟大的艺术也都可以挑出毛病来，如果他总是看到师傅不足的一面，必然就忽略了师傅最擅长之处，终于白费了工夫，什么也学不到。

如果暂时还创作不出什么有价值的东西来，还是老老实实地临帖为好。况且也绝不能以时间来衡量，比如某名家临帖两年便形成个人风格，说明"临帖只用两年即可，时间长了受其影响走不出来了"云云。这些是绝对靠不住的，什么时候功夫达到，什么时候风格形成，那是水到渠成的事，绝不可强求。

2006年5月

读书、编书、写书

谐趣园的鸟声

《花花朵朵　坛坛罐罐——沈从文谈艺术与文物》

沈从文　著

外文出版社，1994年出版

江苏美术出版社，2002年再版

大学时代就读过沈从文的小说与散文，对他平淡而隽永的笔法，深为感动。后来又读到《中国古代服饰研究》，知道沈从文在新中国成立后到故宫研究文物，并在古代服饰研究上取得了极高的成就。当然，关于沈从文不写小说而钻进了文物中去从事研究工作，很多人为之惋惜。包括汪曾祺先生为这本书写的序言中也流露出

《花花朵朵　坛坛罐罐——沈从文谈艺术与文物》2002年再版封面

这方面的意思。我想汪曾祺一定是不了解中国文物研究的现状，不知道一部《中国古代服饰研究》对中国文化史研究的意义，这恐怕比《边城》对中国小说史的贡献大得多了。在中国现代文学群星灿烂的时代，沈从文的小说可说是群星之中的一颗明亮的星星。而《中国古代服饰研究》这样的著作，对于中国服装史乃至文化史的研究来说，则如日月之辉，是其他星星无法比的。

这本《花花朵朵　坛坛罐罐——沈从文谈艺术与文物》是在沈从文去世后才编成的，收罗了沈从文先生在报刊上发表的不少通过文物谈古代文化知识的小文章，读起来令人兴味盎然。

我看书通常不喜欢按顺序从头至尾地看，先从中翻到一篇，是讲中国古代男子的胡须问题。因为曾经有人讲古代的男人都要留胡子，而沈从文从出土文物的例证结合历史的记载，说明自古以来，男人留不留胡须，并没有一定的规定，更与身份等无关。胡子，虽然不是什么关乎国家大事的问题，但要给古人下个结论，还真是不容易。若不是了解大量的文物材料，又广泛熟读史籍，怎能得出一个客观的认识呢？

有一篇是讲"商山四皓"与"悠然见南山"。《史记》《汉书》都曾记述汉初隐士"商山四皓"，而在一些出土的画像砖等文物中，却写的是"南山四皓"。到底是史书的传抄有误，还是两种说法都可？如此想到陶渊明的"采菊东篱下，悠然见南山"之语，"南山"之意其实就有"隐士所居之处"的意味了。

古代的服饰，包括刺绣、纺织等，是沈从文先生用功最多的课题，书中收录了有关广绣、染缬、蜀锦以及宋元的时装等方面的文章，表现了作者对这些问题的深入研究。同时，作者以通俗的语言，娓娓道来，使读者也不会感到艰涩。

作者在1947年就发表过对传为展子虔的《游春图》的看法，其中不仅通过画史上的很多资料对展子虔的绘画作了详细分析，而且涉及人物服饰和建筑方面的问题。后来建筑史专家傅熹年先生对该画从人物服饰和建筑样式方面作出了细致的研究，判定此画绝非隋代展子虔所作。真是英雄所见略同！另一篇文章谈到《文姬归汉图》时，沈从文也主要是从人物服饰来分析，认为画作的时代当在十一二世纪间。这些文章启发我们对古代艺术的研究，不能仅仅从作品本身来就事论事，而是一定要从较宽广的文化内涵分析不同层面的问题，才有可能得出较为科学的看法。

在这本《花花朵朵　坛坛罐罐——沈从文谈艺术与文物》中，我们还会读到有关陶瓷艺术、青铜器艺术、剪纸艺术、书法艺术等方面的有趣的文章，体现出作者广博的学识和修养。还有两篇文章《春游颐和园》《北京是个大型建筑博物馆》则像是导游词，引导读者去游览北京的名胜。沈从文先生在新中国成立后到故宫博物院工作，当了十五年的讲解员。过去，文博单位的工作人员少，几乎所有的工作人员都有可能去当讲解员，但沈从文先生从来没有应付差事的感觉，而是每次都非常积极地去干这项工作。我想，当年能听到沈从文先生在故宫的讲解，一定是一种十分高级的享受。

我们不妨读一读他对颐和园的讲解，就可感受到一个作家对美好景色的感受：

> 谐趣园占地不大，那个荷花池子，夏天荷花盛开时，真是又香又好看。这里四围树林子里，清晨黄昏经常会有极好听的黄鸟歌声。啄木鸟声也数这个地区最多，夏六月天雨后放晴时，树林间的鸟雀欢呼飞鸣，更现出一片活泼生机。入小宫门向左走去，不多远地方背风向阳处，长年有一丛竹子生长。由后湖引来的一股活水，分成两股，一股从暗沟流入霁清轩，把霁清轩分成两部分，另一股到此下坠5公尺，流入谐趣园荷花塘，因此作成小小瀑布，夏天水发时，水声哗哗，对于久住北方平地的游人，看到这些事物引起的情感很显然都是新的。
>
> ……
>
> 秋天里，后湖在一个极短时期中，傍岸水面常常忽然冒出一种颜色金黄鲜明的小莲花，一朵朵从水面探头出来，花朵约两寸来高，花头不过一寸大小，可是远远地就可让我们看见，至近身时，我们才会发现原来花朵上还常常歇有一种细腰窄翅黑蜻蜓，飞飞又停停。彼此之间似相识又陌生，又像是新认识的好朋友，默默地亲切地贴近时，还像腼腆害羞，一切情形和安徒生童话中的描写差不多，可是还要美丽温柔一点。

从这些文字中，我们可以看到一个对外界感受细腻的作家，是如何从常人不曾注意到的自然环境中发现美的。

不知道现在的谐趣园是否还能听到那些黄鸟的歌声？

真想在秋天去颐和园寻找安徒生童话的境界。

2008 年 5 月

那些学术大家的细事

《品书录》

柴剑虹 著

甘肃教育出版社，2009年出版

读书的快乐和享受，在于通过读书而获得知识，获得快乐，通过读书而知人，而知事。通过读书品味人生，从而就有了"品书"，品书应当是较高层次的读书吧。记得大学时代读过唐弢先生的《晦庵书话》，因为那时读的书还不多，从《晦庵书话》而知道了很多好书，因而留下极深的印象。最近读到柴剑虹先生的《品书录》，同样使我了解到很多好书，有些书（敦煌学方面）虽然也曾读过，但通过柴先生的品评，使我对书中的不少珍贵

《品书录》封面

之处有了新的认识。而对以前有些没有太在意的书也提高了认识。尤其重要的是因为柴先生参与了一些书的编辑、策划，或者对有些书的编辑成书过程十分了解，他在文章中提示了很多相关背景与内幕，使我们了解到很多书的作者不为人知的历程和故事。如《勇敢冲破樊篱的拓荒者》一文，讲了台湾著名敦煌学家潘重规先生在1973年，为了研究敦煌写本毅然赴苏联的列宁格勒（今圣彼得堡）进行调查研究。那时潘先生已年近古稀，而苏美两国还在冷战的对立中，政治局势非常不好。为什么要冒很大的艰难与风险到一个完全陌生的地方去呢？柴先生列举了从1914年俄国探险队到敦煌进行探险并掠走敦煌文献以后，近一百年来俄罗斯在敦煌学研究方面的进展情况，指出了中俄两国学术交流的意义，这样就使我们真正感受到在近百年学术发展中，潘重规先生最早冲破种种阻挠，促成了学术交流与发展的重大意义。由此我们才会明白潘重规先生的《列宁格勒十日记》一书的意义所在。文中还提到了潘重规先生在促进两岸学术交流中作出的贡献。读了柴先生的文章，使我们对潘重规先生做学问与做人体会得更深。

　　柴剑虹先生与季羡林先生交往很多，一方面是因为季先生是中国敦煌吐鲁番学会的会长，而柴先生又常年担任学会秘书长，学会中的事总是要经常跟季先生商量。另外季羡林先生的著作很多都是由中华书局出版的，柴先生也常常参与编辑出版工作，曾为季先生的很多著作都写过书评。《听季老谈书》一文讲到季老对很多书的看法，还讲到季老对两岸学者研究敦煌学的进展以及对中国敦煌学发展的期望，读来令人感动。柴先生是启功先生的弟子，因此，他的有关启功先生著作的书评，就写得情真意切，使我们看到启功先生生活与人品的方方面面。如《诗抒真情，词为心声——读〈启功丛稿·诗词卷〉心得》一文，由"诗言志"而讲到启功先生的学问与为人，讲到启功先生虽经历坎坷，而为人仁厚而乐观。从柴先生所记的启功先生日常生活中的一言一行，我们可以领悟到所谓大师，其实与平常人一样也有着他自己的喜怒哀乐，所不同的是启功先生在具备深厚渊博的人文修养的同时，又能通达而平易，有着沉痛经历的同时，又保持着乐观诙谐的态度。由书品而人品，从柴剑虹先生的文章中，我们更加了解了那些学术上的大师之所以成为大师的高尚品格。

在《普及敦煌文化的开创之作》一文中，柴先生对1956年出版的姜亮夫先生的《敦煌——伟大的文化宝藏》一书给予了极高的评价，他说："在姜先生数以百万字计的敦煌学研究著作里，《敦煌——伟大的文化宝藏》只是一本不足15万字的小册子，但其普及敦煌文化与敦煌学的开创之功则不容轻视，尤其是在这种普及工作依然还亟待加强的今天，就更有现实的启示作用与借鉴意义。"回想起自己在大学时代，也是由于读了姜亮夫先生的这本小册子而燃起了对敦煌学事业的憧憬之心，从而走上了敦煌学研究的道路，我对柴先生这一评语是深有同感的。柴先生曾在中华书局负责《文史知识》编辑部的工作，《文史知识》杂志的宗旨就是要请大专家写小文章，把中国传统文学和历史方面的丰富知识用浅显易懂的语言讲出来，让更多的非专业的爱好者能读懂并能感兴趣。因此，这本杂志深受读者的喜爱，几十年来，在弘扬中华文化方面可以说是功不可没。但是，要让大学问家写普通读物，可不是那么容易的事，有时，可能不亚于专业论文所花的工夫。因此，并不是每一个专业研究者都很愿意做这样的事。所以，柴剑虹先生在很多场合都坚定不移地提倡学术研究要深入发展也需要在广大民众中的传播与普及。在《〈敦煌与丝路文化学术讲座〉序言》中，柴先生就指出，举办"敦煌与丝路文化学术讲座"的目的，并不是培养几个文学巨匠或者敦煌学大师，而是要让更多的听众了解敦煌与丝路文化，进而热爱祖国的传统文化。他说："如果亿万国民不知莫高窟艺术好在哪里，不认识藏经洞文献的价值，不明白丝绸之路历史与现实的意义何在，那么我们即使有十个百个世界级的敦煌学专家又有何用？"

除了学术大师的著作外，柴先生对学术新著有着敏锐的观察，国内敦煌学界每有重要的著作出版，他都会即时发表评论。《品书录》中收入了数十篇关于新出版敦煌学著作的评论，从中体现出柴先生在对敦煌学发展总体把握的基础上，对各种图书价值的定位与富有启发意义的思考。特别是在书评《百花齐放　异彩纷呈——近十年中国敦煌学图书概述》一文中，回顾了20世纪90年代十年间的敦煌学著作出版状况，对敦煌学文献资料的整理出版，以及像《敦煌学大辞典》这类工具书的出版给予了很高的评价，同时对敦煌学普及读物也寄予了很大的希望。

《品书录》中还收入了作者在编辑一些图书时的审读报告和编辑札记。这样的文章通常是看不到了，因为出版社编辑在处理文稿时，往往不会公开其中的审读情况。但因为柴先生是中华书局的资深编辑，他的很多编辑经验都是出版社的同仁们非常希望学习的，所以这次应出版社的要求，柴先生特意把一些图书的审读报告和评审的意见也发表出来，从中可以看到柴先生对编辑工作一丝不苟，对图书审稿客观而严谨的态度。这是最值得我们这些编辑工作者学习的。

2009年7月

把文物背后的故事讲出来

《逝去的风韵——杨泓谈文物》

杨泓　著

中华书局，2007 年出版

杨泓先生的文章我向来就很喜欢，不过，以前主要还是读他的论文，虽然也在《文物》等杂志上读过他介绍文物的

文章，往往是因为研究方面需要而读。而最近在书店看到了这本《逝去的风韵——杨泓谈文物》，随便翻翻，便觉得颇有趣味，于是禁不住买回来。

当我把实用的心态抛开，只为了好奇或者是消遣来读，便觉得意味无穷，体会到了读书的乐趣。有的文章反复读了几遍都觉得有意思。于是从

《逝去的风韵——杨泓谈文物》封面

中领会到杨泓先生的世界。从古代普通的家具到兵器、乐器乃至艺术，看到了那些出土文物尘埃后面无限丰富的古代文明。

我们过去认识的历史，由于受到某些观念的影响，往往是很不切实际的。比如我们通过演义小说，就可以知道从春秋战国到楚汉相争以至三国时代很多著名战争的故事，但当时的人怎样打仗？穿什么盔甲？用什么武器？车战怎么打？马战又是如何？仔细追究起来，还真是说不清楚。因为过去的历史书上没有详细的记录。所以今天拍摄电影电视，那些编导和演员们就犯难了，往往把明朝人所用的，放在唐朝的故事里，或者把宋朝才有的东西，用于汉朝的故事。相差就是上千年。更有甚者，有些不动脑筋的编剧，干脆照搬国外的套路，把很晚时代在日本出现的头盔形式，放在三国故事的人物中，真是可笑得很。要是他们读一读杨泓先生的著作，或者请教一下历史学的专家，就会避免出错了。杨泓先生是以研究古代兵器而出名的，他通过出土文物，结合历史文献，对古代兵器、装备的发展演变有着深入的研究。比如，他关于古代兵器的文章，使我们知道了古代的剑有多长，后来又是怎么加长了，刀与剑的不同使用，有什么历史背景，还有其中的科学技术问题等，配合出土实物照片，使人仿佛回到了千百年前的时代，感受到铁马金戈的气氛。

但实际上杨泓先生的研究不仅仅是兵器，而是差不多涵盖了中国古代文化史的诸多方面。他对古代家具的研究，使我们了解到古人的诸多生活习惯，唐代以前是跪坐，后来有了高足椅子，坐姿发生了重大的变化，后来的人渐渐不明白古人的一些行为习惯，还有一些古代词语如"跪""跽"等的区别。通过杨泓先生的分析，我们差不多可以想象出在楚汉相争时代的鸿门宴上，项羽、刘邦、樊哙等特定的人物当时应该是怎样一种姿态。于是，历史就成为真实可感的了。

对于很多普通人看来不起眼的文物，杨先生总是能找出其中富有意味的艺术价值，如对古代生肖形象鸡、猴、龙、猪的介绍，往往通过一些生动的小件文物来分析其艺术意蕴。我们因此知道西汉出土文物中有一种叫"桃都树"，树上有鸡，就是古代传说中的"天鸡"。汉代的青铜器中，还有用猿猴的形象做成的别致的挂钩；古滇国的铜器中，野猪与豹奋战的惊心动魄的场面；等等。还有墓室壁画或画像石中那些常人难以看懂的奇怪形状，经杨先生的解释，我们才知道那就是古人对星空的表现，以及象征日月星辰的动物形象等。

杨泓先生称《逝去的风韵》中的文章为"小品"，因为这些文章都是写给非专业的普通人看的，所以文字非常通俗易懂，颇有趣味。我想，大学问家其实还是要有这种写小品的精神。我们的学问如果仅仅局限于学术圈子里，社会上广大的人民不能懂，不能理解，这样的学问对我们的时代，对我们的社会虽不能说是无益的，但至少也是贡献不够大的。

《逝去的风韵》是大专家写的小品，我相信普通人看了都会很感兴趣的。我想我们的时代需要更多的专家来多写一些有趣的"小品"，把那些丰富的知识以及作者的智慧与幽默带给广大读者，而不要让学问和学问家成为一种谁也看不懂的"文物"。

2009年10月

直面美术的现状

《西山论道集》

陈传席　著

辽宁美术出版社，2004年出版

陈传席先生是这个时代治美术史的学者中，著述最丰者。至本书出版时，已出版个人著作及画册36部，发表文章600余篇，其勤奋多才，最令人敬佩。

对六朝绘画史的研究，陈传席先生最为擅长。本书收入的关于宗炳、王微画论的研究以及中国早期佛教美术四次样式演变等文，都是治美术史者应该参考的。此外，还有一些对当代绘画的评论也是值得一读的。

《西山论道集》封面

陈传席先生的文章最令人称快处，在于他的"真"。尤其在我们这个时代，虽说表面上有一种艺术繁荣的状况，但我们的一些艺术评论家往往不敢说真话，甚至为了某种利益，会把丑的说成美的。陈传席则十分尖锐地指出现存的问题，如对第九届全国美展的评论，他就指出了五个问题："一、缺少原创性作品；二、只有20%的人在探索艺术；三、部分评委不太懂艺术；四、画传统的人大多不懂传统；五、美展中的作品基本上都是靠工夫磨出来的，很少有功夫。"这一连五个问题，肯定是当时的画家们、评委们不爱听的，却是真实存在的事，心照不宣而已。陈传席是主张"阳刚大气"的艺术家，他反对那些过于雕琢又无新意的作品，他所批评的往往切中时弊。

我喜欢读陈传席先生的书，还在于他的视野极为宽广，作为一个美术史家他会对森林问题那么感兴趣，把五代以后汉文化中心南移的根本原因归结于北方森林的破坏。这实际上提出了我们现代社会发展中自然生态的保护问题，这难道不是我们作为一个学者应该大声疾呼的问题吗？

陈传席先生还有不少对文学的精彩评论，本书选入的《评文坛大家和名家》就是有代表性的一篇，作者是不愿流俗的，对文学的看法颇多惊人之语。

陈传席先生说话很大胆、真率，是其最可爱的方面，同时也就伴随着一些负面因素。就是有些话未经慎重思考，凭着一种印象而说，说得虽然痛快，却往往是经不住推敲的。如对钱锺书等作家的评价，就过于偏激。于是，作者又在文后作注，说明对一些作家的评价过低。其实是多此一举，如果该文不好，就不要收入此集，既想录入发表，则已明确了态度。严格说来，陈传席先生的很多文章都是可以挑出毛病来的，但如果你注意到他最有创见性的那一方面，往往就会对他的偏激报之一笑了。

如《论故宫所藏几幅宫苑图的创作背景、作者和在画史上的重大意义》，那几幅画是宋代或其后所绘，几乎是定论了。但陈先生还是从自己的感觉出发，认为是唐朝的，并指出它们在山水画史上的重要意义。从绘画风格分析来说，几幅宫苑图确实反映着唐画的某些特点，但毕竟画作已是后代所绘，我们由此也可看到陈传席教授比较偏激的一面。

绘画史的研究，最重要的是对画作本身的样式、风格分析，从而分析一幅作品在美术史上的意义，而其中对作品时代的鉴定也是至关重要的问题。传统绘画往往有些复杂性，就在于中国画一直注重临摹，绘画六法中就有一项是"传模移写"。试想，如果没有唐朝人临摹了王羲之等六朝书法家的作品，我们今天就完全不知道"二王"书法是怎样的形态了。那么，在原作消失的时代，后人临摹品同样有着参考价值。问题在于，如果原作真的完全消失了，我们又如何相信临摹品到底在何种程度上反映了原作的样态？幸而历史也并没有这么绝，类似宫苑图这样表现唐朝宫殿及人物形象的画面，至少我们在敦煌唐代壁画中还可以看到。有了这些真实的唐朝绘画来印证，自然就可以推测出这些仿唐画作的可靠程度了。敦煌石窟唐代的洞窟有200多个，其中壁画多不胜数，特别是大量的经变画中，就有极其丰富的表现殿堂建筑的画面。对照这些画面，就可以看出故宫所藏的宫苑图之类的绘画虽然仍保持着某些唐画特征，但更多地体现着后代的样式，因此放到五代以后，或者更晚的时代才符合历史。因为后人是可以仿作前代的样式和风格的，但前代的人无论如何也画不出后代才出现的样式。

2006年8月

美术馆的初心

《大方无隅——在美术馆听讲座》

关山月美术馆 编

广西美术出版社，2009年出版

那一天，接到深圳寄来的邮包，发现是关山月美术馆给我寄来的一大包书。看到新书，总是让人振奋。一本装帧十分简朴的书，《大方无隅——在美术馆听讲座》映入眼帘，也许是因为有我自己的讲座记录在里面，不由得拿在手上，慢慢读起来，不觉把一本书就读完了。

以前好友陈湘波跟我讲过他们的美术馆与深圳雕塑院、《深圳商报》社、深圳卫视四家单位合办"四方沙龙"，已经办了几

《大方无隅——在美术馆听讲座》封面

深圳"四方沙龙"讲座现场　2021年

　　年了，主要就是利用美术馆这个平台，举办面向普通观众的文化艺术沙龙。后来又认识了主持沙龙的黄丽平女士，她经常兴奋地跟我讲起"四方沙龙"一次次成功举办的盛况，实在让人羡慕，可惜我没有机会去深圳听这些吸引人的讲座。而现在，把讲座的录音都整理出来，出了一本书，我正好可以从书中去了解讲座的内容。

　　"四方沙龙"讲座内容很丰富，从古到今，涉及国画、油画、平面设计、漫画、雕塑、文学、历史等。主讲者都是各个领域极有建树的人。像潘公凯先生讲20世纪的中国美术发展，从思想本质出发，讲到了这个时代中国美术发展的根本问题上，通过"四大主义"（传统主义、融合主义、大众主义、西方主义）概括了20世纪中国美术发展的主要脉络。孙振华先生讲雕塑，鲁虹先生讲中国当代油画，都有耳目一新之感。侯军讲古典画论中的现代意识，上下千百年，纵横东西方，讲得十分生动而有趣。我的同学廖雯讲女性艺术，题目是《跟着感觉走》，读起来也是兴味盎然，可知她对女性艺术研究很深入。此外，陈履生先生讲齐白石的人生与艺术，曹意强先生讲艺术的智性力量等，都在学术上给人以深刻的启发。实际上所有的讲座对我来说都是很新鲜的，要是我能生活在深圳，一定要每次都去听。

孙振华先生在序言中讲到"四方沙龙"时说：

> 以平民的语言，讲述专家的观点，
> 以生动的直观，传达学术的主张，
> 以沙龙的方式，营造对话的空间，
> 以社会的参与，塑造深圳的品牌。

"四方沙龙"正是按这个原则或者说目标来做的，从2005年开始，沙龙已经办了五年多，现在影响越来越大。通过美术馆对一个地方的社会文化产生影响，从而推动一个地方的文化发展，这本来就是建立美术馆、博物馆的目的。在一些西方国家，博物馆或美术馆定期举办公开讲座以普及艺术文化知识早已成为习惯。看来，还是深圳领风气之先了。关山月美术馆无疑是富有远见的。

不论是西方还是东方，博物馆、美术馆这个概念，最初就是以这样一个场地，把皇家或者贵族个人的收藏品公之于世，让普通人都能前来观览、研究。国立的美术馆固然是属于公众性质的，而即使是私立的美术馆，其目的也是使藏品成为公用的资料。国外在很早的时候就已经在努力使博物馆、美术馆介入普通人民的生活，通过举办包括专家讲座在内的各种活动，来吸引民众，引导民众，从而在客观上广泛提高人们的文化素养。中国虽然在近百年前就已经把故宫皇家藏品公开，形成故宫博物院，时至今日，全国的博物馆、美术馆数不胜数，但是，我们的博物馆、美术馆在多大程度上介入了普通百姓的生活？在普通百姓的文化素养中，有多少是来源于博物馆、美术馆的教育？当然，社会教育的问题牵涉很多方面，但博物馆、美术馆的工作者自身是否曾有这样的想法？国内一些博物馆甚至对专家学者都要封锁资料，唯恐别人作了研究，失去了"奇货可居"的价值。从这个意义上看，关山月美术馆不计成本，定期举办公共讲座，普及艺术知识，无疑是开了风气之先。

2010年1月

《飞天艺术——从印度到中国》前言

一

飞天作为佛教艺术中一种独特的形象，以她们轻快的动态，流利的舞姿，吸引着广大的观众。然而尽管飞天在佛教艺术中出现较多，可在佛经中并没有对飞天的记录，甚至佛经中根本就没有出现"飞天"一词。那么飞天是什么呢？

很早以来，学术界关于飞天的内涵，有很多不同的看法，有的学者认为飞天是佛国世界的"天人"，有的认为是"天龙八部"的总称，也有的认为就是"天龙八部"中的"乾闼婆"与"紧那罗"。在前人研究的基础上，我们通过参考一些与

《飞天艺术——从印度到中国》封面

佛经相关的文献，还是可以了解飞天的身份的。

比如，佛经中虽然没有"飞天"一词，却有很多关于"天人""诸天"的记载，如法显译《大般涅槃经》中讲到佛涅槃时：

> 诸天龙八部、于虚空中，雨众妙花。……又散牛头旃檀等香，作天伎乐，歌唱赞叹……

鸠摩罗什译《维摩诘所说经·文殊师利问疾品》：

> 即时八千菩萨、五百声闻、百千天人、皆欲随从，于是文殊师利与菩萨大弟子众，及诸天人恭敬围绕，入毗耶离大城。

阇那崛多译《佛本行集经》讲到悉达太子骑马逾城出家时：

> 是时太子出家之时，其虚空中，有一夜叉，名曰钵足，彼钵足等诸夜叉众，于虚空中，各以手承马之四足，安徐而行。
>
> 复共无数乾闼婆众、鸠般荼众、诸龙夜叉……在太子前，引导而行。……上虚空中，复有无量无边诸天百千亿众，欢喜踊跃，遍满其身，不能自胜，将天水陆所生之花散太子上。

莫高窟第329窟佛传故事逾城出家　初唐

　　从以上所举的佛经记述，我们知道在有关佛的本生故事、佛传故事以及佛说法时的情景中，往往有诸天人、天女作歌舞供养。这些天人、天女如果飞行于天空，以绘画的形式表现出来，自然就是我们在很多石窟雕刻和壁画中所看到的飞天了。

　　众所周知，在佛教的传播影响下，中国以佛教寺院为中心产生了一种俗文学，就是把佛教深奥的道理以浅显易懂的说话形式来表现，从而形成了讲经文、变文等，为后来的话本小说奠定了基础。从唐、五代的一些变文和讲经文中，也可以看出当时的普通人对飞天的称呼和理解。变文和讲经文中与佛经基本一致，即往往以"诸天""天人""仙人"来称呼飞天。如：

（1）《八相变》中讲述悉达太子诞生之时：

> 无忧树下暂攀花，右胁生来释氏家。五百天人随太子，三千宫女捧摩耶。
>
> ——《敦煌变文集》[①]第331页

（2）《降魔变文》描绘舍利弗出现时的威仪，其中有：

> 天仙空里散名花，赞呗之声相趁迭。
>
> ——《敦煌变文集》第382页

又，表现劳度叉化出的宝山景象：

> 上有王乔丁令威，香水浮流宝山里。飞仙往往散名华，大王遥见生欢喜。
>
> ——《敦煌变文集》第382页

（3）《金刚般若波罗蜜经讲经文》讲述众天人听佛说法的场面：

---

①王重民等编：《敦煌变文集》，人民文学出版社，1957年。下同。

一会人，一会天，梵王帝释及诸仙，为听金刚般若法，同时总在世尊前。

…………

夜叉众，乾闼婆，修罗又有紧那罗，八部龙神千万众，五音六律奏筝歌。

——《敦煌变文集》第445—446页

（4）《佛说阿弥陀经讲经文》讲述天人听法场面：

二十八天闻妙法，天男天女散天花，龙吟凤舞彩云中，琴瑟鼓吹和雅韵。

帝释前行持宝盖，梵王从后捧舍（金）炉，各领无边眷属俱，总到圆成极乐会。

三光四王八部众，日月星辰所住宫，云擎楼阁下长空，掣拽罗衣来入会。

…………

化生童子食天厨，百味馨香各自殊，无限天人持宝器，琉璃钵饭似真珠，

化生童子见飞仙，落花空中左右旋，微妙歌音云外听，尽言极乐胜诸天。

——《敦煌变文集》第484—485页

（5）《维摩诘经讲经文》讲述天人入庵园会的场面：

于是四天大梵，思法会而散下云头，六欲诸天，相庵园而趋瞻圣主。各将侍从天女天男，尽拥嫔妃，逶迤遥拽，别天宫而云中苑（宛）转，离上界而雾里盘旋，顶戴珠珍，身严玉佩。执金憧者，分分（纷纷）云坠，擎宝节者，苒苒烟笼。希乐器于青霄，散祥花于碧落，皆呈法曲，尽捧名衣，思大圣之情专，想兹尊而意切，总发遭难之解，感伸敬礼之犹。

——《敦煌变文集》第544页

以上引文所描绘的诸天形象，与敦煌壁画中所绘的飞天非常一致。可以说当时的画家们要表现的就是这样一些诸天（包括帝释、梵天等所谓"天龙八部"众神）。

实际上，在飞天极为流行的时代，一些文人所写的碑文等作品中，也可以看到有关天人天女的记载，我们从《全唐文》（本文所引，出自上海古籍出版社1990年版，以下同）中也可以找到不少例证。

张鷟《沧州弓高县实性寺释迦像碑》：

佛中佛日，天上天人，金口振于西方，银函洎于东夏……

龙女持花，出入珊瑚之殿；诸天献果，芙蓉生宝座之前。

——《全唐文》卷一七四，第783页

王勃《益州绵竹县武都山净慧寺碑》：

山神献果，送出庵园；天女持花，来游净国。

——《全唐文》卷一八三，第822页

王勃《梓州慧义寺碑铭》：

诸天竞写，金仙满目之容；异事争传，贝叶睿花之偈。

——《全唐文》卷一八四，第826页

王勃《梓州元武县福会寺碑》：

山神献果，还栖承露之台；天女持香，即绕飞花之阁。

——《全唐文》卷一八五，第829页

王勃《彭州九陇县龙怀寺碑》：

真童凤策，即践金沙；仙女鸾衣，还窥石镜。

——《全唐文》卷一八五，第830页

李邕《国清寺碑》：

借天仙往还，神秀表里，静漠漠而山远，密微微而谷深。

——《全唐文》卷二六二，第1176页

王维《西方净土变画赞》：

> 故菩萨为胜鬘，夫人同解脱，因<u>天女</u>，赞维摩。

——《全唐文》卷三二五，第1458页

白居易《画西方帧记》：

> 阿弥陀佛坐中央，观音势至二大士侍左右，<u>天人</u>瞻仰，眷属围绕。

——《全唐文》卷六七六，第3059页

　　以上例证说明，在唐代存在于雕刻或绘画等佛教艺术中的那些现在被称为"飞天"的形象，当时的人们一般是用"诸天""天人""天女"来称呼的。如果联系起南朝陵墓的雕刻中直接出现"天人"的文字，就可以明白，在古代，中国人还是多用"天人"一词。有时，甚至会用"天仙""仙女"等称呼，这是因为中国人总是把佛教的形象与道家神仙联系起来，佛教的飞天被称作"天仙""仙女"也就不足为怪了。

　　总之，不论是佛教经典记载，还是中国古代文献的记载，都说明飞天就是佛经中所说的"诸天"形象，在古代还有"天人""天女""天仙"等称呼。而这些佛教的天人，又与印度古代的传说有着密切的关系。在佛教产生之前，印度已有了阿卜莎罗（Apsaras，天人）的各种美丽传说，后来，佛教中也吸收了这些阿卜莎罗，成为佛国世界的天人。每当佛在讲经说法或者某些重大事件发生时，天人们就会歌舞供养，或者从天上散花。这就是在很多经变画和故事画场面中，飞天形象的来源。

二

　　而在中国，这些印度的天人一传来就与中国传统神话中的神仙相结合了，也许在中国人看来，飞天这种自由自在地飞翔于天空的形象与中国传统意识中的神仙形象是一致的吧。

　　古代的中国人认为人死后可以升天，从而成为神仙，因此在很多文学作品中描绘了神仙的传说故事，如《楚辞》《山海经》《淮南子》等都有关于神仙的种种传说。在绘画中，自先秦时代就已经开始表现升天的内容，如长沙出土的两幅战国时期的帛画，其中一幅画中墓主人是一个细腰长袍的女性形象，在她的上部画有飞腾的龙、凤，表现的是死者的灵魂在龙、凤的引导下升上天空。另一幅画中，墓主人为男性，正侧身驭龙，也具有升天的含义。同样的内容，在汉代的绘画中得到了更广泛的表现，如马王堆一号墓出土的帛画"非衣"，就描绘了墓主人一家升天的内容，但在这些画中还没有描绘出人物腾飞的样子，仅仅表现出人们被引导进入天国的场面。在这件"非衣"中，还画出了嫦娥奔月的形象。此外，在马王堆一号墓的漆棺上则画出飞动的云气，在

战国时期帛画
龙凤升仙图

祥云中，还有不少兽首人身、龙首人身的神怪，他们有的张弓射箭，有的持物飞奔。在充满动感的彩云中，你会感到他们奔跑在空旷无垠的宇宙之中，具有无限神秘的气氛。类似的飞行物在汉画中是非常普遍的，如洛阳出土的卜千秋墓中，有二十块长方形空心砖接成的"升仙图"，其中画出了太阳、月亮、伏羲、女娲、东王公、西王母以及持节仙人、三头凤、奔狐、长蛇等形象。像东王公、西王母、伏羲、女娲等形象，是汉代以来绘画中表现得最多的神仙形象。

直到魏晋南北朝时期，这种对神仙的描绘仍然很普遍，

西王母画像砖

在中国西北酒泉出土的丁家闸五号墓（晋墓），就可以看到墓顶显要的位置上画出了东王公、西王母以及飞马、奔鹿等形象。在墓室南顶还画出一个羽人的形象，他正张开双臂飞行于天空，他的肩上有翼，裙子上也显出羽片的样子。这大约就是中国古代所认为的"羽化升天"的样子吧。在南方，顾恺之等画家也常常画出一些神话传说故事，其中也不免要画出飞行的神仙形象，如著名的《洛神赋图》中的洛神形象，等等。

总之，在佛教传来之前，神仙思想在中国就已深入人心，人们坚信死后是可以成仙的，道家则宣扬可以通过修炼而不死，即可"羽化而成仙"。不管怎样，神仙那种自由自在地飞行于天空，那种无忧无虑、无拘无束的生活，一直是人们非常向往的，所以，人们要在祠堂中、墓室里大量地描绘各种升仙图，希望死后能够真的变成神仙，因此，飞仙也

酒泉魏晋墓壁画西王母

酒泉魏晋墓壁画仙人

就成为古代中国人十分熟悉的形象。随着佛教的不断发展，对佛教天人的描绘也越来越多，对于当时的中国人来说，这些佛教的天人与他们所熟悉的飞仙相差无几，都是摆脱了人间的束缚，可以自由地飞行于天国的神仙，所以，中国的艺术家们就会按照对神仙的理解来表现佛国的天人。飞天深受欢迎，表现得也很多，技法也越来越成熟。在中国差不多有佛教寺院的地方就有飞天，飞天也就成为中国佛教艺术中的重要内容。

三

　　印度的佛教在公元前3世纪阿育王的时代达到兴盛，并不断地向周边地区传播，经中亚，沿着丝绸之路传入了中国。后来，又从中国传入了朝鲜半岛和日本。佛教所到之处，都建立无数的寺院，并在适合开凿石窟的地方，建造了很多石窟。佛教向周边地区发展，不仅仅是一种孤立的宗教活动，而是伴随着十分广泛的文化内涵。同时，佛教在传播的途中，不断地与当地的文化进行融合与交流，形成了各地不同的佛教艺术。从飞天的形象上，就可以看出不同地区佛教艺术中的不同风格的飞天，他们共同构成了佛教艺术的无限丰富性与广泛包容性。

　　印度的佛教艺术与古印度文化传统密切相关，在桑奇大塔等古老的佛教艺术中，就有对天女、药叉的刻画。印度石窟中还存在大量男女成组的飞天，反映出古印度对人体美的追求以及源于生殖崇拜表现性爱的传统。印度的佛教、印度

印度桑奇大塔
东门上的药叉女

印度阿旃陀第2窟壁画飞天

教、耆那教等不同宗教都存在着对男女天人表现的热衷，表明了天人的形象在印度的普遍性。中亚以犍陀罗为中心，曾经受到古希腊罗马文化的影响，所以，佛教艺术的表现往往带有一定的西方特点，如带翼的小天使形象等。

而在新疆的库车一带，石窟艺术反映着强烈的地域特点，这正是古龟兹地区独特文化的反映，克孜尔石窟等壁画中的天人，既可以看到印度和中亚一带的影响，又表现着龟兹艺术的个性。敦煌位于中国汉文化与外来文化交汇的中间，这里有西域式的飞天，也有中原式的飞天。但在隋唐以后，随着中国大一统格局的建立，敦煌艺术呈现着与中原一致的现象，而由于各种原因，隋唐的文化中心长安和洛阳现存的古代佛教寺院大都被毁坏，使我们无法得知当时中原艺术的特点。敦煌现存数量丰富、时代体系完整、表现精美的

莫高窟第313窟飞天　隋

云冈石窟第10窟明窗顶部飞天　北魏

壁画，正好补充了中原的不足。敦煌壁画的飞天，正反映了中国飞天艺术的完美性与中国式的审美精神。

云冈石窟是以北魏皇家石窟为中心的，云冈石窟的雕刻是北魏王朝强盛期艺术的最高体现，从飞天身上也可以看出这个时代强健、乐观的精神。龙门石窟是北魏迁都洛阳以后，以皇家石窟为中心的又一处大型石窟，它表现了北魏晚期学习南方文化艺术而结出之硕果。在龙门石窟开凿之后，巩县石窟、响堂山石窟都与当时的皇家开凿有关，成为北朝后期的重要佛教石窟。其中的飞天，表现着当时的艺术风格。唐朝以后，位于洛阳的龙门石窟仍然营建了如奉先寺这样的大型洞窟，反映出中原一带佛教艺术雍容的风格。唐代在各地都营建了大量的石窟寺院，但保存下来的较少，如西安附近的郴县大佛，四川广元等地都有少量遗存，从这些洞窟中的飞天，也可看出不同地域的特点。

宋代以后，中国的文化中心南移，北方的石窟总的来说处于衰落的趋势。但在南方的大足等石窟依然有规模很大的雕刻，反映了南方佛教艺术的特点。

总之，对各地的飞天进行艺术的巡礼，读者一定会被佛教艺术中这种生动可爱、活泼多姿的飞天所感染，惊叹于古代艺术家丰富的想象力和杰出的表现力。

（原载《飞天艺术——从印度到中国》，江苏美术出版社，2008年）

《甘肃石窟志》出版感言

虽然这些年出一本书也不是什么难事，但在出版社把这本沉甸甸的《甘肃石窟志》拿在手上，想到多少年的努力总算有一个结果了，不免一种欣慰和感慨油然而生。

2005年，因为受甘肃省文物局委派，我开始调查甘肃石窟。虽然多年来对全省不少重要石窟都多多少少做过了调查，但有这样一个机会进行一次系统的考察，其意义自然不同，于是带着考察小组一行五人就出发了。由于敦煌研究院非常支持，派了一辆越野车，所以我们一路风驰，历时一个多月，从河西跑到了陇东。

佛教石窟都是开凿在人迹罕至的山里，有的地方根本就没有路，全靠这辆越野车把我们颠来簸去，总算都能到达目的地。有时不免想，古代的佛教信徒们是多么的虔诚，那时别说是越野车了，恐怕能骑一头驴也算是十分奢侈的事吧，大多数情况还是靠自己的双脚一步一步地走到山中拜佛，更不用说最初那些工匠们是如何艰难地建造这些精美的石窟的。石窟考察就在一边紧张地测绘、记录，一边不断地对古代艺术的惊叹声中愉快地进行。

从敦煌出发，我们先到了瓜州的东千佛洞，沿着一条干枯的河道前行，河两岸分布着十几个洞窟。我们中午赶到现场，就钻进了洞窟，一直忙到夕阳西下，准备返回时，才发现洞窟后面有一片古老的胡杨林，在最后一抹夕阳中焕发着金色的光芒，是那样动人心魄。

马蹄寺石窟是最靠近祁连山脉的，也是气候较冷的地方，公历10月，远处山中已是白雪皑皑了。住在山上简陋的宿舍里，晚上还得加上火炉。从马蹄乡进入金塔寺，也是道路崎岖，在一片断崖下，远远就看到一道高高的台阶直通悬崖上的石窟，后来查了有关记录，知道那一道石梯竟有二百

马蹄寺千佛洞外景

多级台阶。当我们完成记录，从石窟内出来时，遥望远处蓝天映衬着的祁连雪山，那种高入云端、无限清爽之感，真是无法形容。

在炳灵寺，我们登上最高处的第169窟，仔细寻找那些古老的壁画遗迹。偶然回首，才感觉到自己是在百米高的悬崖上，不由自主地靠向窟内。这种感觉在拉梢寺石窟也遇到过一次。拉梢寺大佛的西崖有一些佛像仿佛悬在空中，虽然有栈道通往上面，但因太危险，一般不对游人开放。我们要考察，当然必须上去。由于长期较少有人上去，栈道十分陈旧，特别是最上面一层木质栈道，走上去不免摇摇晃晃，我们就在这摇晃中完成了拍照和记录。知道很险，栈道也很窄，一直不敢往下看。等下到地面一看，才感到头皮发麻，那崖面并不是笔直成90度，而是向外倾斜出十几度，真的是悬在空中的感觉。

相比之下，合水县的保全寺石窟就不算什么了，几个小窟悬在十来米高的崖面上，但我发现石窟之上似乎还有一些小的佛像雕刻，就想上去看看。我攀着岩壁而上，突然发现自己的身体已不是那么轻盈，动作也不是那么利索了。站在崖上十来厘米宽的一点斜坡，禁不住腿有些打战。真是岁月不饶人呵！

虽然艰难险阻不断，但那段时间大家都很开心。每天都有新的发现，新的收获。考察完后，又投入查阅资料、写作的工作中，对有的石窟还进行了复查。由于大家干劲十足，我们很快就写出了初稿。当然经过专家审稿，提了不少修改意见。又反复修改，到最后定稿，已花了两年时间。后因种

炳灵寺石窟

种原因，稿件被搁置了两三年，然而总觉得这些经实地调查而写出的东西不应该白费，应该拿出来发挥它的作用才行。后经多方协调，终于得以把《甘肃石窟志》列入敦煌研究院学术文库来出版。把书稿交到出版社后，出版社非常重视这部书，把它推荐为"十二五"国家重点出版规划项目，并得到国

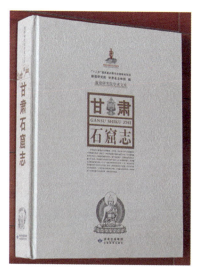

《甘肃石窟志》书影

家出版基金的支持。虽说从写作完成到最后出版经过了很多曲折，但是今天能够看到这部书以如此精美的形式出版，足以令人欣慰。相信这本书一定会在佛教文化、石窟艺术研究等方面发挥它的作用。

2012年11月

《奔向千佛洞》后记

敦煌石窟是中国古代文化的宝藏，其中的壁画、彩塑及石窟建筑艺术反映了4—14世纪中国艺术发展的重要历程。自20世纪40年代以来，一些有志于传统文化的艺术家千里迢迢奔赴西北，在沙漠中的敦煌坚持临摹和研究古代绘画，把敦煌艺术传播于世，并从敦煌艺术中获得灵感，从而创造出时代的艺术。

1944年，敦煌艺术研究所成立，标志着敦煌石窟开始受到有效的管理，敦煌艺术得到有计划的保护与研究，也标志着中国的文化人真正意识到敦煌的价值。1950年，敦煌艺术研究所改名为敦煌文物研究所，1984年扩建为敦煌研究院。1987年敦煌莫高窟被列入世界文化遗产名录。经过几代人艰苦卓绝的工作，今天，敦煌石窟的保护与研究事业已经走在世界的前列。而当年在敦煌创业的艰辛，却是我们不能忘记的。

七十多年前，常书鸿，这位在法国奋斗了九年，在油画艺术上已达到很高造诣的画家放弃巴黎的优裕生活，回到了祖国，并投身于敦煌石窟的保护和研究事业。常书鸿创办敦煌艺术研究所之初，其生活之艰难程度是超乎想象的。在莫高窟白手起家，连起码的工作和生活条件都不具备，却有一

《奔向千佛洞》封面

批专业人员跟随常书鸿，克服了常人难以忍受的困苦，开创了敦煌石窟研究的新局面。据常书鸿的自传《九十春秋——敦煌五十年》一书介绍，最初跟随常书鸿到敦煌的工作人员有李赞廷、龚祥礼、陈延儒、辛普德、刘荣曾。其后有董希文、张琳英、陈芝秀、张民权、邵芳、李浴、乌密风、史岩、苏莹辉、潘絜兹、周绍淼、罗寄梅、刘先等。李浴、史岩和苏莹辉主要调查洞窟内容，作美术史和图像内容的研究，罗寄梅、刘先夫妇负责洞窟摄影，其余的人大多是画家，从事壁画临摹工作。这一批工作人员是敦煌艺术研究所的开创者，他们为后来敦煌研究院的发展打下了坚实的学术基础，而敦煌艺术的研究和临摹工作也成为他们人生中最深刻的一段历程，不论后来在国内还是国外，不论从事艺术创作还是理论研究，敦煌艺术都成为他们艺术或学术创作的源泉。

由于文献记录的缺失，对于敦煌艺术研究所早期的开创者的历程，我们知道的十分有限。除了常书鸿有自传留下，其余的工作人员较少为世人所知。山东大学李昌玉教授耗时近十年，完成了邵芳的传记《奔向千佛洞》，全书完整地记录了邵芳作为一个画家奋斗的一生。虽然她在敦煌艺术研究所从事临摹工作只有一年多的时间，但是在她的艺术生涯中，敦煌艺术却一直闪烁着迷人的光彩，她和同仁们为草创期的敦煌艺术研究所注入了活力，为研究所的发展打下了基础。当时，对于壁画临摹，谁也没有经验。学校里从来也没有教过有关壁画的知识，而面对的古代壁画与传统意义上的所谓"国画"差别甚大，画法也不尽相同，大家都在努力研究古代壁画的绘制方法，并在不断的临摹中去认识敦煌艺术的技法与特色。初期的临摹工作中，画家们往往选取较小或者较单纯的画面进行临摹，邵芳却以她艺术的天分，在很短的时间内找到唐代绘画的真谛。她临摹的唐代《西方净土变》高达250厘米，宽292厘米，其中建筑场面壮阔，人物多达120人。这样规模宏大的壁画，今天看来，也是临摹难度极大的。而且壁画已变色较严重，邵芳的临摹品在一定程度上对其进行了复原，若不是对唐代壁画艺术的深刻理解，恐怕难以完成这样的大作。另外，从一些菩萨、飞天等线描临摹品中，也可看出邵芳娴熟的线描功底和对唐画神韵的领悟。尽管她后半辈子都生活在异国他乡，但在她不断的创作中，可以看出敦煌艺术已成为她的重要灵感来源。她把敦煌艺术，把中华传统文化传播到了远方。

常沙娜教授认为："这部邵芳人生的传记，也是对敦煌千佛洞在20世纪40年代所经历的一份历史的补充。"当常沙娜教授向敦煌研究院樊锦诗院长推荐此书时，樊院长毫不犹豫地决定由敦煌研究院资助此书的出版。

本书不仅仅是一个画家的传记，从邵芳的经历中，我们也了解到敦煌艺术研究所创建之初的艰难历程。同时，也可感受到敦煌艺术的无穷魅力，感受到作为中国传统文化的重要代表——敦煌艺术对一代艺术家的重大影响。从而也将激励我们今天的艺术家从敦煌艺术这个宝库中汲取更多的营养，创造出无愧于时代的艺术。

在本书出版之际，我们要感谢李昌玉教授不辞辛苦，耗时十年，完成了艺术家邵芳的这本传记。而这期间，李昌玉教授先是夫人患病住院，后来自己也患肺癌，多次住院，在病重期间仍牵挂着此书的出版。他以惊人的毅力，完成了这本文笔流畅、感人至深的传记，生动地再现了一个中国艺术家奋斗的历程。在此，我们衷心祝愿李昌玉先生早日康复！

此外，我们还要感谢蒋代平女士为此书的出版到处奔波，通过她的热情联络，常沙娜教授和樊锦诗院长才得知邵芳的下落和这部传记的来由。蒋代平女士还为此书设计了赏心悦目的版式，图文并茂，使我们在读到邵芳故事的同时也感受到邵芳的艺术世界。

敦煌研究院为此书补充了部分敦煌壁画照片，希望有助于读者了解到邵芳的绘画与敦煌艺术的联系。邵芳在敦煌千佛洞临摹壁画的时代，石窟的编号主要采用张大千的编号。20世纪50年代以后，随着敦煌文物研究所对石窟的全面调查，对窟号进行了重新编号，现在敦煌石窟普遍采用新的编号。为便于查找，本书一律改用现在通行的编号。但有些壁画临摹图中记录着当时的张氏编号，正可以形成对照。

2013年5月

《文明的穿越：世界四大博物馆巡礼》前言

　　如今，旅游已成为很多人的爱好与时尚。当到美好的大自然中陶冶自己的情趣，到著名的人文景观中了解人类文明的奇迹，我们不仅获得了知识，更增长了对世界、对自身的认识。

　　博物馆，就是人文旅游的重要场所之一，一个大型博物馆，往往可以展示数万件文物。这些文物，从历史文化的角度看，每一件都在讲述一个时代一个区域的历史故事；从艺术的角度看，又反映出不同时代不同民族文化的艺术结晶。因此，博物馆就是我们了解人类文明的重要资料库。徜徉在那些大型博物馆中，你会感受到对人类文化的一种穿越：上下数千年，纵横几万里。从古埃及充满神秘色彩的棺椁到古印度的宗教雕刻以及中国的青铜器，从古巴比伦的巨型浮雕到欧洲文艺复兴的绘画以及现代派艺术……观摩博物馆的展品常常令人感慨"胜读万卷书"。

　　在世界为数众多的博物馆中，法国的卢浮宫、英国的英国博物馆（也称大英博物馆或不列颠博物馆）、俄罗斯的艾尔米塔什博物馆和美国的纽约大都会艺术博物馆并称世界四大博物馆。这四大博物馆能够成为世界四大博物馆，一是因为其藏品数量众多，另外还在于其藏品不单纯是某一个国家一个民族的内容，而是包揽了世界各主要文明体系的代表作品。仅仅在这四大博物馆中几乎就可以理出一个人类文明发展的线索来，而其中各地区各时期的艺术杰作数量庞大，是研究历史文化及艺术等人文学科取之不尽用之不竭的宝藏。

笔者2003年到巴黎旅行，卢浮宫是首选之处。进入卢浮宫博物馆，仿佛徜徉于艺术的海洋，以前美术史课程中所学的内容得到了印证。后来又因一些学术交流活动，陆续去了英、俄、美等国，分别参观了英国博物馆、艾尔米塔什博物馆、纽约大都会艺术博物馆以及很多大大小小的美术馆、博物馆。每到一地，都会走进

《文明的穿越——世界四大博物馆巡礼》2014年初版封面

《文明的穿越——世界四大博物馆巡礼》2022年再版封面

当地的博物馆，了解那些标志着人类文明进程的文物。每次参观博物馆都给我带来艺术的享受和知识的飞跃，因而也常常抽空写一些参观海外博物馆的见闻和感想，把自己对艺术的认识记录下来，有的也发表在报刊上，希望给读者提供一些信息。不少热心读者和朋友的支持，促使我决定写成更详细的书，希望能给有机会去这些博物馆参观的人提供一个简要的参考。但这本书并不是一本导游手册，而是艺术鉴赏的读本，是想有选择地对四大博物馆中那些代表人类文明标志的杰作、那些世界一流大师的艺术精品作一些简明扼要的解说，给历史或艺术工作者、爱好者提供一些有价值的资料和参考。四大博物馆的内容浩如烟海，靠这本小书是远远讲不完的，这本书所用之作品，尽量选择各时期各地文明的代表作，但所谓"代表作"，也仅仅是相对而言，你很难说别的作品就不是代表作，只不过是因为无法全部介绍，暂且这样说罢了。希望本书可以起到抛砖引玉的作用，让读者们去发现更多更美好的作品。

在世界各地的博物馆中，那些精美的中国艺术品也常常感动着我，令我深思。把中国艺术放在世界性的博物馆中，与各地文明展示在一起，会使我们对祖国文化有一种更新的认识。我想，作为中国人，应该了解那些流落在海外的中国艺术珍品，知道我们中国历代那些伟大的艺术创造，曾经对世界的文明进程作出过那样巨大的贡献。与此同时，从世界四大博物馆中，读者也一定能够看出，中国文明是世界几大文明之一，却不是唯一的。古埃及、古美索不达米亚、古印度、古希腊罗马以及非洲和美洲等地的民族，都曾对人类文

卢浮宫古典绘画展厅一角

英国博物馆埃及文物展厅

艾尔米塔什博物馆约旦厅

纽约大都会艺术博物馆中国艺术展厅

明进程作出过巨大贡献。博物馆就像一面镜子，让我们看到别人也看到自己：既不要妄自尊大，也不要崇洋媚外。

千百年来，不同的自然与社会环境、不同的发展道路造成了东西方文化的差异，使世界人类的文明呈现五彩缤纷的状态。这种差异也形成了东西方不同的文明体系。但是，这些文明体系之间，并不是完全对立和分隔的，自古以来，各地的文化体系都在与周边的文化进行着交流和影响，而人类的文明也常常在相互交流与碰撞中得到快速的发展。古代两河流域的文明向周边影响到非洲、欧洲和亚洲，古埃及文明成为古希腊罗马文明的重要源泉，而在罗马帝国强盛之时，古希腊罗马文明便影响到了中亚一带，由中亚又向南影响到印度，向东影响到中国。印度文明强盛之时，以佛教为代表，经中亚而全面影响到中国及日本、朝鲜。而中国由于丝绸之路的开通，汉唐时代不仅接受着来自西方文化的影响，也把中国的造纸技术、陶瓷、丝绸等代表中国文明的成果源源不断地带到了西方。与此同时，中国以老子、孔子等思想家为代表的宇宙观，以及中国艺术也影响到了世界。从世界四大博物馆中，我们可以看到世界各地的文明，以及不同地区、文明之间的相互影响。通过了解世界，反过来了解中国。不了解外国艺术的发展，很难完整地把握中国艺术。

本书讲述四大博物馆，重在艺术品的点评、赏介。笔者在参观卢浮宫、英国博物馆和艾尔米塔什博物馆时，都分别写过关于巴黎、伦敦和圣彼得堡的游记。为了使读者对博物馆所在的城市氛围有所体会，便摘选部分文字，以配合各博物馆的叙述。需要说明的是，本书主要是按自己去参观及写作的时间顺序来排列，这并不等于对这四个博物馆的大小或哪个方面来排个等次。四大博物馆藏品都极其丰富，在收藏、保管、研究等方面也各有特色，不可能进行简单化的排名。

《东京往事》序

我刚到敦煌的1984年，是绝不会想到将来会到外国留学的事。那时只是凭着一种单纯的想法，到敦煌来作一点研究。然而，研究并不是一件简单的事。上大学的时候，对学问这件事，其实也没有好好考虑过。以一个本科生的水平来做敦煌学这样博大精深的学问，现在看来是何等的不自量力啊。但在当时，似乎不会有人这样想，因为那时大学生还是十分珍稀的物种。

我就在敦煌努力地调查洞窟，研读佛经与历史。工作第三年发表了第一篇论文，接下来以每年一篇论文的速度发展着。但是在工作了七八年之后，尤其是参加了几次国际性学术会议之后，我开始强烈地感觉到自己大学的那点底子已经快用光了，在学术研究的方法和学术眼界等方面的局限越来

《东京往事》封面

越突出。因此，再继续深造读书的想法越来越强烈地萦绕在心头，挥之不去。但在那个年代，工作了几年的人要再读书，免不了受到各种限制。几经周折，到处碰壁，我的读书梦依然只在梦中。

由于时任东京艺术大学校长平山郁夫的支持，敦煌研究院从20世纪80年代开始每年派人到东京艺术大学做访问学者，进行学术交流，我有幸于1996年被派到东京。对于我来说，这是一个很好的机会。既然在国内没有机会深造，在国外的机会我就不能放弃。所以我努力学好日语，争取在日本正式考入研究生院，攻读硕士和博士课程。功夫不负有心人，在公派的访学结束后，我顺利考入了成城大学研究生院。

即使这样，读书也不是一帆风顺。在我之前也有一些人作为公派访问学者到了结束的时间没有回国的情况，有的还被开除了公职。但我想自己的目的只是读书而已，如果一定要把我开除公职，也在所不惜了。那时，我给樊锦诗院长写了一封信，只是希望她能理解我想在学术上深造的这种心情。我说："如果院里必须把我开除，那就按照先例办吧，我是无所谓了。"但是樊院长没有开除我，她也是个学者，她能体会一个年轻人的求学之心。

而另一方面，在日本自费读书面临着诸多困难。我已经不是二十来岁的年轻人了，要打工挣钱，又要读学位，手脚也不是那么自如。但一切都得咬着牙拼着，想着在国内翘首以待的家人，如果不能取得好的成绩，如何见江东父老？

留学七年就是在这努力的拼搏与焦急的期待之间，不知

成城大学的毕业典礼之后，笔者与导师东山健吾（右一）、佐野绿（左一）合影

不觉地走过了。但在种种艰苦之中，我也感受到了许多老师的关爱和友人的帮助，使我的人生展开了另一个世界。人和人的心灵沟通，也许是跨越国界的。在日本，我遇到了非常好的老师，他们对我的关爱与无私的帮助，使我终生难忘。在我最艰苦的日子里，西村先生毅然伸出援助之手，愿意做我的经济担保人，使我得以继续留在日本读书。恩师东山健吾先生、佐野绿先生的指导，使我在学业上取得突飞猛进的发展，确立了我此后的学术道路。还有一些学术界的前辈，如上原和先生、池田温先生等，他们做人和做学问的精神与品格，也成为我终身学习的楷模。此外，还有砂冈和子老师、中平章老师以及学长八木春生、久野美树等，都在生活

上给予我帮助，在精神上激励我奋进。因为有了他们，我的留学生活又增添了几分诗意。

　　虽然留学期间中心任务是专业上的学习，但生活在这样一个环境，总得要了解它的文化和历史。一种天然的好奇心促使我去了解那些自己过去完全不知道的世界。那时，我在一家中文报社打工，负责一个栏目的版面，就是要向中国留学生们介绍日本文化。于是我读了很多关于日本文化的书，走访了很多古迹和博物馆，写文章对日本的茶道、花道、神道、庭园乃至于洗浴文化等方面进行介绍。

　　日本与中国有一千多年交往的历史，日本长期受到中国文化的影响和熏陶，至今，他们的衣食住行无不渗透着几分中国古老文化的影子。然而，日本文化又不同于中国文化，有它独特之处。作为近邻，长期以来我们关注的是日本文化

东京千鸟之渊的樱花

与中国文化的共性特征，而忽视了它的个性特征，实际上大部分中国人对日本文化并不熟悉。也许本书的某些文章会有助于人们了解日本文化的一些特点吧。

用一句流行的话来说："往事并不如烟。"东京的往事像一段梦境，时时萦回在心中，对我的学术研究乃至生活的诸多方面产生着深刻的影响，也促使我把这些林林总总的文章收集起来，与朋友们分享。这本书中的很多文章是我在东京生活期间写成并发表过的，也有少数文章是回国后写的回忆。辑成这本书时，书中相关联的人物有的已经作古，如藤枝晃先生、上原和先生。东京的好友最近发来东山健吾先生躺在病榻的照片，令人感到人生的短暂。初次出国时，中国的经济发展还很落后，而今中国的经济形势可以说是天翻地覆。世事沧桑，时代变化之快，或许会使本书增加一点历史感吧。

谨以此书献给曾经帮助我支持我的老师和朋友们！

2018年4月

《敦煌旧事》序

敦煌是一个古老的城市。

敦煌以宏伟而精美的敦煌石窟艺术而著称。

敦煌以蜚声海内外的显学——"敦煌学"而著称。

20世纪40年代以来，一代又一代学者、艺术家到敦煌"朝圣"。为保护和研究敦煌石窟，很多学者投入了毕生的精力，有的虽然没有长期守护在敦煌，却不断地关注敦煌、宣传敦煌、支持敦煌事业。由于各界人士持续不断的关心和支持，敦煌石窟的保护、研究与弘扬的事业得到了长足的发展。

《敦煌旧事》封面

20世纪40年代前后，由于日本侵华战争，国民政府被迫迁至重庆，北京等地的高等院校及研究机构纷纷移向西南西北，形成了中国文化中心西移，不少学者和艺术家开始关注西部的文化遗迹，促成了中国文化界对西部文物的探索与研究。敦煌艺术便是在这样的背景下被人们重新认识，并愈来愈强烈地对中国学术文化产生影响。

1938年，画家李丁陇来到敦煌石窟临摹壁画，他是20世纪第一个到敦煌临摹壁画的画家。1941年，张大千带领弟子们也来到敦煌，并在敦煌停留了两年多时间，有计划地临摹了敦煌石窟不同风格的壁画，在四川等地举办展览，引起了社会的广泛关注。这一时期，王子云、关山月、赵望云等画家也先后到敦煌临摹壁画，敦煌壁画一时成为美术界的热门话题，敦煌也成了20世纪中国画家心中的圣地。

在画家们探索敦煌艺术的同时，还有不少学者如向达、阎文儒等从历史学、考古学等方面对敦煌石窟展开了艰苦卓绝的调查研究工作，旨在发掘那些被历史遗忘的传统文化。在多方面调查的基础上，国民政府决定成立敦煌艺术研究所，对敦煌石窟进行长期的保护和研究。1944年1月1日，敦煌艺术研究所正式成立，常书鸿被任命为第一任所长。从此，敦煌石窟结束了无人管理的状态。

二

敦煌艺术研究所创办之初，常书鸿先生率领职工们白手起家，在力所能及的范围内对莫高窟进行了有效的保护和管理，并积极地调查洞窟内容，临摹壁画，在短期内取得了很大的成果。可是，莫高窟毕竟处在沙漠之中，生活和工作条件极端艰苦。一年以后，大部分工作人员也都先后回到内地，但常书鸿依然坚持要把保护和研究敦煌石窟的事业继续下去。工作人员没有了，他再次到四川招聘人才。1946—1947年，受到常书鸿先生的感召，段文杰、孙儒僩、欧阳琳、史苇湘等陆续来到敦煌，他们中的大多数人后来都一辈子献身于敦煌事业。中华人民共和国成立后，敦煌艺术研究所更名为敦煌文物研究所，常书鸿先生继续担任所长。20世纪50年代至60年代，不断有历史、考古、美术等专业的人员奔赴敦煌，继续着敦煌石窟的保护和研究事业。60年代初，由于中央政府的大力支持，莫高窟进行了大规模的保护加固工程，同时开展了窟前遗址的考古清理工作。敦煌石窟考古研究也已起步，并取得了可喜的成绩。然而，接下来的"文革"，使研究工作陷于停顿。直到改革开放的春风"吹度玉门关"，研究人员重新获得自由，专家学者们又都无怨无悔地回到了莫高窟。1984年，敦煌文物研究所扩建为敦煌研究院，段文杰先生任院长，研究条件不断改善，研究人员也陆续增加。还创办了敦煌学研究的专业期刊《敦煌研究》，并主办了多次国际学术讨论会，不断与国内外学术机构进行交流与合作，敦煌研究院进入了快速发展的时代。1987年，莫高窟被列入世界文化遗产名录，敦煌研究院开始以世界遗产的标准对其进行保护和研究工作，特别是进入21世纪后，敦煌研究院采用最新科技手段进行保护和管理，使敦煌石窟的保护与研究走在世界的前列。

自1944年以来，敦煌石窟的保护与研究工作经过了几代人薪火相传，把敦煌研究事业发展起来，使敦煌艺术这颗象征中国传统文化的明珠放射出璀璨的光芒。然而，在这华丽光芒的后面，则是有着众多的工作者在长期地默默地作着奉献，从常书鸿、段文杰、樊锦诗到今天仍然坚守在莫高窟的老中青几代工作人员，他们大多是把毕生的精力都奉献给了敦煌事业。

全面讲述他们的故事是这本小书难以胜任的，本书只是笔者在莫高窟几十年工作中亲身经历，或者听老一辈讲述得知，或者查阅一些相关资料所得的一些生活点滴记录以及自己的感受。把这些故事分享给读者，希望人们能了解敦煌石窟美丽光彩的背后，其实包含着广大学者和普通人的诸多奉献。

第一部分"前辈的足迹"，记录了开始敦煌事业并执着地坚守敦煌的前辈专家们的事迹。

常书鸿先生是敦煌研究院的开创者，他曾在法国生活了9年，在油画创作上取得了卓越的成就，并在法国有着优裕的生活。但是，他毅然回到祖国，并在戈壁沙漠中创办了敦煌艺术研究所，其间，由于生活环境的荒凉，工作条件的艰苦，妻子也离他而去。但他始终没有放弃，并以顽强的毅力坚守敦煌。如果没有常书鸿先生的努力，没有他的坚持，今天的敦煌研究院的发展是不可想象的。

段文杰先生对敦煌壁画有着独特的领悟，又为人豁达、开朗。他到敦煌之后，就成了研究所的核心。通过长期的实践，以段文杰先生为首的画家们在敦煌壁画临摹方面取得了显著的成果，并总结出一些重要经验。同时，凭着深厚的传统文化修养，他在艺术史方面也进行了深入的研究，我们今天对敦煌艺术的总体把握与认识，大多源于段文杰等先生的研究成果。他在担任敦煌研究院院长时期，号召大家振奋精神，积极开展研究工作，把敦煌学研究搞上去，使敦煌研究院的学术研究得到快速发展，各方面都取得了显著成果。

作为第三代领导人，樊锦诗是20世纪60年代初期到敦煌的，她和同仁们把考古学应用到敦煌石窟的研究中来。20世纪90年代当她继任敦煌研究院院长时，她清楚地看到了敦煌石窟作为世界文化遗产的意义，从世界的眼光来看敦煌，把敦煌研究院建成一个世界一流的遗址博物馆就成了她的奋斗目标。经过长期的努力，敦煌研究院在文化遗产管理与保护科技等方面进入了世界先进行列，在敦煌学研究以及人才培养方面也取得了可喜的成果。敦煌研究院几代领导人所处的时代不同，遇到的困难与挑战各不相同，但是他们都有一种对敦煌石窟无比热爱、对敦煌事业百折不回的执着精神。正是这一种精神，不断地凝聚着一大批学术人才，共同促成了敦煌事业的发展。在樊锦诗取得一系列荣誉的背后，我们不能忘记一位坚定地支持着她的事业和家庭的人物——彭金章先生。他的宽广胸怀，他的乐观精神，他的平易近人……不仅支撑着一个家庭的幸福，也广泛影响到了周围的人。他在敦煌北区石窟考古调查上取得了辉煌的成果，已成为敦煌学研究的重要财富。

在莫高窟还有一群长期默默无闻，却热恋着敦煌，并为之奋斗终身的人。史苇湘和欧阳琳夫妇都是在20世纪40年代就到敦煌工作的，他们孜孜不倦地临摹了大量壁画，并通过壁画临摹，加深了对古代艺术的认识。史苇湘先生注重从历史文化背景来分析敦煌艺术，把握不同时期艺术风格的变化。他们的研究成果和壁画临摹，都给我们留下了丰富的遗产。

孙儒僴和李其琼同样是一对献身于敦煌的伉俪。孙先生新中国成立前就到了莫高窟，由于他是学建筑的，有关敦煌石窟的保护工程大多是由他来设计，数十年来为敦煌石窟的保护作出了重大贡献。李其琼于1952年来到敦煌，她的主要精力投入到敦煌壁画的临摹工作中。她本是学油画的，但经过一段时间的努力探索后，她就对敦煌壁画有了自己的领悟，并不断钻研古代壁画的技法，在临摹方面达到了极高的水平。

贺世哲和施萍婷夫妇是从事石窟内容考释和历史文献研究的专家。他们到敦煌的时间晚于上述几位先生，但同样是一辈子在敦煌勤勤恳恳地工作，几十年如一日，别人不愿吃的苦，他们吃了，别人嫌辛苦的事，他们做了。在日积月累的学术研究中，他们不仅在学术研究上取得了重要成果，而且以他们看似平凡的人生展示了一个学者的学问与人品。

三

本书第二部分"感悟敦煌"主要记录的是作者自己所经历、所受感动的事情。20世纪80年代，作者还是一个初出茅庐的大学毕业生，带着几多向往，奔向了敦煌。那个年代，正是改革开放之初，中国的学者们决心把"文革"耽误的时间追回来，在敦煌学界，学者们更是振奋精神，决心努力把敦煌学搞上去，不能落后于国外。笔者作为一名研究人员，经历了这三十多年的学术巨变：中国敦煌学由弱到强，许多学科领域从无到有，研究人员不断壮大，一些领域逐步领先于世界。笔者直接参与了《敦煌研究》期刊的编辑工作，以及一些敦煌学著作的编辑出版。在自己的研究与思考过程中，越来越认识到敦煌艺术的宏大与深厚，也逐渐了解和理解了众多学者是如何受到敦煌的召唤并为之奋斗的。

四

敦煌石窟是人类的文化遗产，敦煌学也是国际性的研究，因此，关注敦煌的不仅仅是身在敦煌的人们。国内国外学术界有识之士都认识到这个问题，并有相当多的学者在为敦煌的保护与研究，为敦煌学的发展付出自己的努力。本书第三部分"敦煌之缘"记录的就是与敦煌结缘的人们。他们有的是国内外著名学者、艺术家，有的只是普通人，但他们都为敦煌所吸引，以自己的方式帮助和支持敦煌的发展。曾长期担任中国敦煌吐鲁番学会会长的季羡林先生是著名的国学大师，也是敦煌学专家。季羡林先生对中国文化与敦煌学有很多精辟的论断，对中国敦煌学的发展具有重要的指导意义。他提出"敦煌在中国，敦煌学在世界"就体现了开阔的胸襟和对学术发展的高瞻远瞩。中山大学的姜伯勤先生在敦煌历史文献、宗教与艺术、粟特文化等研究领域都有着卓越的建树，作为一个著名的学者而为人谦和，对年轻学者充满关怀。柴剑虹先生是国学大师启功先生的弟子，研究生毕业后在中华书局工作，同时从事敦煌学研究，并长期担任中国敦煌吐鲁番学会的秘书长和副会长。他对敦煌石窟的保护、研究事业给予充分的关注。赵和平先生是敦煌历史学研究专家，执教于北京理工大学。姜伯勤、柴剑虹与赵和平先生都曾多次到敦煌考察、讲学，与敦煌研究院的学者们结下了深厚的友谊，并为敦煌学人才的培养作出了重要贡献。文物出版社的资深编辑黄文昆先生从20世纪80年代初期编辑出版"中国石窟"系列丛书，就跟敦煌石窟结下了不解之缘。"中国石窟"丛书是中国与日本合作出版的大规模学术丛书，其中的《敦煌莫高窟》共五卷。为了出好这套丛书，黄先生多次奔赴敦煌，与敦煌的研究者们共同生活和工作，商量写作、编辑的问题，成了敦煌研究院的老朋友。直到21世纪初，敦煌研究院要编纂石窟考古的重要成果《敦煌石窟全集·第一卷·第268、272、275窟考古报告》时，本来已经退休的黄文昆先生，又多次来到敦煌，与敦煌研究院的考古工作者共同协作，参与编写工作，最终完成了这一巨著的出版。

外国友人中，日本画家平山郁夫对敦煌事业作出的贡献是十分显著的。作为一个画家，平山先生看到了敦煌艺术的重要价值，并努力从中学习，从而获得了对中国古代艺术的深刻认识。在无数次考察敦煌期间，他看到了敦煌研究院的学者们在那样艰苦的条件下从事保护和研究工作，心中深受感动，因而决定为敦煌做一点工作。他通过举办画展，出售作品，把所获的资金捐赠给敦煌研究院。段文杰院长提议，以平山先生的捐款为基础，成立了中国敦煌石窟保护研究基金会。至今这个基金会仍在持续不断地支持敦煌石窟的保护与研究事业。平山先生在担任东京艺术大学校长期间，还确定了一个项目，就是为敦煌研究院不断地培养人才。敦煌研究院已有五十多人次先后被派往东京艺术大学学习深造过，回来后大多成为院里的学术骨干，这个项目至今仍在进行。

倪密·盖茨是研究中国艺术的专家，她长期担任西雅图美术馆馆长，退休后到中国旅游，邂逅敦煌，就喜欢上了敦煌艺术。在不断地造访敦煌之后，她了解到敦煌研究院有一大批学者在默默地为保护、研究敦煌石窟作着奉献，便决定要帮助敦煌研究院，于是在美国成立了敦煌基金会，发起募捐活动，不断地资助敦煌的事业。

美国友人罗鸥不是敦煌学的研究者，但他在敦煌从事翻译工作期间，与敦煌研究院的工作人员结下了深厚的友谊，并以他无比敬业的工作作风和襟怀坦白的人生态度影响着这里的人们。

画家陈湘波是岭南派大师关山月的弟子，他多次沿着当年关山月的足迹来到敦煌，体悟敦煌艺术的精神，并通过他的努力，举办展览，把敦煌艺术介绍到深圳。在多次进行敦煌项目的活动中，他自己也深受敦煌艺术影响，绘画风格发生了改变。

敦煌的影响，当然不仅仅是在学者或画家们之间，近些年敦煌艺术普及读物的出版，敦煌艺术展览的不断举办，敦煌在世界的影响越来越大。在台湾举办敦煌艺术展览时，展览主办单位考虑到了对小学生的教育，希望对中国传统文化的教育从小学生开始。这无疑是一个创举。最初也有人担心，因为敦煌艺术毕竟是很专业的学问，小学生是否能明白呢？而当作者参观了台湾为小学生办的敦煌展览后，就明白那些担忧完全是没有必要的。台北一所小学的经验给予我们很多启发，数年后，敦煌研究院也在常州为小学生设计了一个小型的敦煌艺术展，同时让学者为小学生们举办敦煌讲座，同样取得了成功。这表明敦煌艺术有着无限的魅力，只要我们诚心去推广，去把敦煌艺术的精神介绍出来，不论是成年人，还是小学生，都会被感动的。

五

总之，本书记录了部分长期坚守敦煌的学者事迹，也记录了与敦煌密切相关的人。通过相关人物的经历或生活片段，希望人们记住那些为敦煌石窟的保护与研究默默奉献一辈子的人们。同时，从那些莫高窟以外的人们对敦煌的热情，也会使我们感受到敦煌这一艺术宝库的巨大吸引力和感染力。不论是中国人还是外国人，凡是与敦煌有缘的人，都有一种对莫高窟浓浓的情怀，愈久愈浓。这便是——敦煌情缘。

2018年3月

《敦煌画研究》后记

　　早在1937年，日本就出版了松本荣一先生的著作《敦煌画研究》，这部重要著作成为后来数十年间研究敦煌石窟必备的参考。20世纪40年代初，国立敦煌艺术研究所成立，研究人员最初所用的参考书，主要的就是这本日文版的《敦煌画研究》。敦煌壁画的内容现在我们总结出七个方面：尊像画、佛经故事画、佛教史迹画、传统神话、经变画、供养人画像、装饰图案画。其中与佛教内容密切相关的尊像画、佛经故事画、经变画、佛教史迹画等内容极为丰富，涉及大量的佛教经典，而这些内容很多都在《敦煌画研究》一书中已经考释出来，或者提供了佛经的线索。20世纪90年代，敦煌图像研究专家贺世哲先生说："松本荣一先生把佛教图像考证的道路已开辟出来，我们现在是在他的道路上加宽了一些，走得更远了一些。"

　　然而，这样一部在敦煌石窟图像研究中极为重要的著作，却在相当长时期里未出版中文版，也是一件令人不可思议的事。2003年笔者从日本完成学业回国时，就曾梦想把这部著作译成中文，以供国内学界参考。2008年笔者被聘为台南艺术大学客座教授，其间受林保尧教授邀请到台北艺术大

《敦煌画研究》日文原著书影

《敦煌画研究》中文版书影

学做学术讲座。在台北得知林保尧老师已在给研究生讲课时率领学生研读《敦煌画研究》，每一次课都让学生将其中的章节翻译成中文来讲解。保尧先生希望与敦煌研究院合作出版这部书的中译本，一是想到敦煌研究院的学者对敦煌石窟更熟悉一些，二是考虑到这部作品所用的图片主要是伯希和在1908年拍摄的黑白照片，限于当时的拍摄条件，大部分不太清晰，通过敦煌研究院提供高清晰度的彩色照片，才能给读者更为明晰的了解。这当然是一件令人高兴的事。我欣然同意保尧老师的想法，愿意共襄此盛举。此后的一段时期里，保尧老师陆续将学生的译稿传来，我在仔细研读之后，感到译文问题较多，因大部分学生并未专门学过日语，仅靠查阅字典连缀成文，与原文之意差距较大。作为美术史教学，对于学生的学习来说，倒也没有太大的问题。但要把这些勉强记录下来的文字作为一部学术著作的翻译，就没法用了。而且，由于松本氏所用语言是二战前日本较古老的语体文，与今天的新日语有较大的区别，增加了翻译的难度。虽然反复修改，毕竟费时较多。由于工作较忙，翻译工作时断时续，不觉又过了几年，而自己所承担的事务有增无减，愈不能专心于翻译。但想到这一著作的重要性，以及保尧老师的重托，觉得这样放下也不知何时才能完成。时遇到正在日本筑波大学读博士课程的李梅女士，她在日本生活十数年，又是学美术史专业，并发表过很多关于佛教艺术的论文，从专业上和外语程度上都是较合适的翻译人选。我便与李梅商量合作进行这一著作的翻译工

笔者与林保尧（左）在台北艺术大学　2008年

程，李梅欣然应允。由于保尧老师提供的译稿问题太多，她几乎是完全进行了重译，这期间我们经常会就一些问题进行反复讨论，确认原著的意思与中文对应的表达，往往要反复思考很久，最后才能确定。经过这么多年的研读、翻译，也使我明白这部著作的难度。尽管现在译本即将付梓，仍心存忐忑，不知道还有多少未能贴切地表达原著之意。

在交付出版之前，我们按原计划，有关敦煌石窟内容，都用新的彩色图片代替原著的黑白照片，这又是一个艰巨的工程。一是原作采用的伯希和编号与敦煌研究院现行的编号不同，而现在学术界基本上都采用敦煌研究院编号，若沿用伯氏编号，显然不适合今天的学术研究。我们决定改为现行的编号。但窟号核对的工作也并不顺利，尽管已发表过几种窟号对照表，但实际上仍有一些洞窟的窟号对应不上，只好重新去调查伯希和图片所在的位置，以确定准确的窟号。这个工作由敦煌研究院研究人员武琼芳承担，先要确定书中所用照片在洞窟中的位置，然后从敦煌研究院文物数字化研究所的图片档案中找到相关的图片，或者按书中选取的局部位置以及拍摄角度，由敦煌研究院摄影师重新拍摄。另外，还有一些照片与文字内容存在差距，则是由于当年伯希和的照片有限，而松本氏所研究的内容有的可能只是伯希和照片中的一角，这样的情况，就有可能根据文字所述重新配上更直观更清楚的照片。此外，除了敦煌石窟照片外，原著中还采用了很多英国、法国及日本所藏的出自敦煌藏经洞的绢画，甚至还有一些并非出自敦煌的照片。这部分照片有的可以从一些画册等出版物中查到更清晰的图，有的图片则无法找到。这种情况，我们也只能一仍其旧，按原著的黑白图片扫描。

从最初打算出版之时，我们就考虑到著作权的问题，因此努力打听作者松本荣一先生的后人，希望能得到作者家属授权翻译出版。虽然委托了很多日本朋友通过多方打听，也始终未能得到消息。我们委托李梅女士代表敦煌研究院进行联系工作，她不仅到东京文化财研究所、东京大学等单位以及相关出版机构查询，而且也到日本政府的著作权管理机构进行了咨询，甚至还到松本荣一先生墓葬所在的管理机构进行了查询。经过了一系列艰苦的努力，仍无法联系上松本荣一先生的后人，我们只好按日本著作权相关的法律规定，从2019年1月起在日本著作权相关的网站公示本书著作权使用情况。不管什么时候，我们都希望松本先生后人看到相关的信息后能跟我们联系著作权转让事宜。

2019年2月

《敦煌谈艺录》序

做美术史研究，一是要读书，二是要读画。我们从小就读书，读书当然是要读懂书中所说的内容，通过读书来扩展自己的知识，加强自身的修养。而更重要的还要培养独立思考的能力。对于读画，似乎在学校教育方面很少讲过。

读画的一个前提就是要读懂画，懂画有几个层次：一是知道画的内容是什么，比如一幅人物故事画，我们知道画中
的人物分别是谁，故事的来龙去脉是怎样的；对于一幅山水画，则应知道画的是怎样的山水风景。这是一个基本的层次，如果这一点达不到，当然也谈不上是否读懂画。但这仅仅是一个基本点，可以说是最浅层面的了解。要深入一点，就应该进入第二个层次：画作属于什么类型（国画、油画、版画等）？画作是什么时代的？

《敦煌谈艺录》封面

画中的基本风格和特点是什么？画家是谁？为什么画这幅画？若能明了诸如此类的问题，便可进入专业的领域了。这就要求我们不能就画论画，还应该了解相关的文化背景，也就是要读历史。达到第二个层次，也就是由"外行"进入"内行"，便可以欣赏诸多的艺术品，以陶冶自己，增加修养。但第二层次依然只是对绘画的欣赏和认知，若要进入更深入的研究领域，就不能满足于第二层次。第三个层次的要求：充分了解绘画的基本创作过程及相关的知识，或者具备绘画的实践经验，因而能充分把握作品的基本表现特征，同时又有较丰富的美术史知识，能够由一件作品联想与之相关的时代风格及画家作品风格。并能进行比较分析，从而进行鉴赏或研究。读画能达到第三层次，应该可以从事绘画的研究工作了。但敦煌艺术又与普通卷轴画有所不同，因为是壁画，且已经过千百年的历史，其中又牵涉很多复杂的问题。因此，眼见也不一定为实。如果我们缺少历史的眼光，要真正读懂敦煌壁画也是一件困难的事。所以，读画与读史必须同时并进，相辅相成。没有行家的眼光，不能掌握绘画本身的风格特征，而没有史的修养，则不能了解画外天地。这里说的"史"，不是单纯的历史学科，而是与绘画作品相关的那个历史文化背景中所有的知识。

近年来，随着敦煌在世界的影响力日升，到敦煌参观访问的人也与日俱增，其中不乏一些美术工作者（包括研究者），但有一些人看了敦煌石窟之后，往往会产生误读的情况而不自知，甚至把一些错误的认识也写进了相关的论文中。不了解的读者往往以为该作者既然在敦煌做过调查，便深信不疑。由此，深感读画难，读敦煌壁画尤其难。除了深入实地调查之外，相关的宗教、历史、考古等方面的修养也是必需的。

本书收集了近些年笔者零星发表的文章，主要还是根据读画所得而讨论的问题。除了前几篇文章谈敦煌艺术的价值以及在中国美术史研究方面的意义外，《表象与真实》一文主要从敦煌壁画制作的基本过程出发来还原敦煌壁画的原貌，并针对一些误读情况作出分析。其后的几篇文章，涉及敦煌艺术与印度及中亚的文化交流，敦煌壁画与唐代文化，特别是一些唐代画家的绘画比较问题。《罗寄梅拍摄敦煌石窟照片的意义》一文涉及七十多年前莫高窟的一段历史。敦煌版画是一个特别的领域，由于研究者少，还有很多未知的情况。《关于台北故宫藏两幅传为"隋代"的佛画》，则通过对莫高窟壁画的调查，核实了张大千临摹的两幅绢画被误为"隋代"佛画的情况，也是通过敦煌壁画的研究进行绘画鉴定的一个尝试。

以上这些文章也无非是说明读画的重要性。如果我们不能真正读懂敦煌壁画，我们就不能真正理解敦煌壁画融汇中外艺术的伟大意义，就不能通过敦煌壁画（包括绢画）去复原南北朝至唐宋的绘画史，就不可能以敦煌壁画为依据来鉴定现代某些画作的真伪。

这些文章多发表于这十来年间，在这期间，有一些相关问题不断有新资料或新成果出现，拓展了我们的认识，同时也使我不得不对原来发表的文章进行一定的补充和修订。学无止境，尤其对于敦煌石窟这样一个内涵无比丰富的宝库，

莫高窟第263窟壁画菩萨（现状）

段文杰复原的莫高窟第263窟菩萨

必将不断有新的发现、新的认识。也希望越来越多的学者们加入敦煌学研究的行列，共同来开发这样一个文化艺术的宝藏，使敦煌文化在现代社会中闪耀出强劲的光芒。

2019年12月

先生们与《敦煌艺术大辞典》

百年之业

敦煌，一个流光溢彩的名字。从汉代经魏晋南北朝至隋唐五代宋元，多个民族在此生活，多种文化在此汇聚。

今天，越来越多的人将目光投向了敦煌。

敦煌飞天、敦煌壁画、敦煌彩塑、敦煌乐舞……凡是与敦煌相关的名词，渐渐地成为大众所熟知的内容。然而，敦煌艺术走出西北一隅，其实经历了相当漫长的时光。

时间回到百廿年前。1900年，在敦煌莫高窟藏经洞（即今编号第17窟）内发现数万件古文献及数百件精美绘画，震惊了世界考古学界。那时，清政府腐败无能，地方官员贪婪短视，藏经洞出土的文物没有得到任何有效保护，大量经卷、绘画被劫掠至海外。直至1909年，清政府才下令把剩余的一万多件文物运回北京。藏经洞发现的文物，吸引了中外学者对其进行研究，也由此形成了一门对世界学术具有重大影响的学问——敦煌学。尽管敦煌学已成为显学，但在藏经洞发现之后近四十年的时间里，除了北京大学陈万里陪同美国人华尔纳到过一次敦煌外，中国几乎再没有一个学者亲自到敦煌石窟进行过实地考察。

1938年，一位叫李丁陇的画家，专程赴敦煌石窟临摹壁画，并将临摹的画带到内地展览，由此让敦煌艺术引起了更多人的关注。在李丁陇的帮助下，画家张大千也抵达敦煌，在敦煌停留达三年之久。张大千不仅临摹了大量的壁画，还对石窟的内容做了详细记录。在这前后，考古学家向达等人也来到敦煌，对石窟进行研究，对敦煌周边的文化遗迹进行考古调查。

敦煌艺术的精深宏富，终究会吸引一批竟毕生之力，只为保护和研究它的知己们。

1943年春，常书鸿先生跨越千山万水，来到敦煌。他放弃的，是法国巴黎优渥的生活和扬名国际画坛的机会。在他的组织下，敦煌首个专门性研究机构"国立敦煌艺术研究所"于次年设立。一批学者在极其艰苦的条件下，开始了敦煌石窟的保护研究工作。研究人员李浴、史岩等先生，启动了对洞窟内容和供养人题记的调查整理，这是敦煌艺术基础研究工作之始。

中华人民共和国成立后，党和政府高度重视敦煌文化遗产，加强了敦煌文物的保护和研究。20世纪60年代初，国家拨巨资进行莫高窟的全面保护维修工程，取得了重大成果。敦煌艺术研究的新时代来临了。

首先，在壁画临摹的基础上展开了石窟历史与艺术的研究。在北京大学宿白先生的指导下，开始了系统的石窟考古研究。与此同时，对壁画图像内容的考证研究也全面展开。

1981年，中日合作的《中国石窟·敦煌莫高窟》（1—5卷）出版，集纳了敦煌研究院的学者们对石窟年代的考古分期研究、各时期石窟艺术风格的研究以及部分壁画图像的研究成果。这一时期还先后出版了《敦煌莫高窟内容总录》《敦煌莫高窟供养人题记》等书，为学术界提供了基本的研究资料。1984年，敦煌文物研究所扩建为敦煌研究院，为敦煌石窟的保护和研究创造了良好的机遇。此后，不仅敦煌研究院的学者们不断发表论著、相关基础资料和研究成果，还推动了国内外学者对敦煌石窟艺术与考古的研究。

百年来，经过一代又一代学者的努力，敦煌壁画中主要的内容，如佛教故事画、经变画、佛教史迹画、传统神话传说等内容基本上都已考证清楚；各时期供养人像及题记的系统调查研究业已展开；敦煌大部分洞窟的时代基本确定；对敦煌石窟各时代的艺术风格特征有了基本的认识；造型艺术、音乐、舞蹈以及服饰等方面的研究也全面展开。这些，都为《敦煌艺术大辞典》的编纂奠定了坚实的基础。

十年之功

季羡林先生曾说，敦煌文化的灿烂，正是世界各族文化精粹的融合，也是中华文明几千年源远流长不断融会贯通的典范。敦煌是如此气象万千，以至于要将其内容囊括于一本典籍中，需要耗费巨大的心力。

20世纪90年代起，在季羡林先生主持下，国内敦煌学界专家学者们共同参与编纂，完成了《敦煌学大辞典》。这一巨大的工程耗时数年，共有120余位学者共襄盛举，可以说代表了当时中国敦煌学研究的最高水平。《敦煌学大辞典》于1998年问世后，敦煌学研究仍然处于高速发展的轨道，新的成果不断涌现，特别是在敦煌石窟艺术研究等领域，陆续推出了新的论著成果，如1999—2005年陆续出版的26卷本《敦煌石窟全集》，刊布了北区考古调查重要成果的《敦煌莫高窟北区石窟》（1—3卷）。上述诸多新内容，在编纂《敦煌学大辞典》时并未产生，学术界普遍感到有必要修订《敦煌学大辞典》。与此同时，随着敦煌艺术日益深入人心，广大读者渴望有一部既可全面查阅，又可欣赏敦煌石窟及相关艺术内容的著作。《敦煌艺术大辞典》就是在这样的形势下开始策划编纂的。

2004年，樊锦诗院长对我说，院里计划编《敦煌艺术大辞典》。当时，我刚取得美术史学的博士学位从日本回国，担任敦煌研究院编辑部主任。樊院长叮嘱我，要认真组织好、完成好这项工作。我们在与上海辞书出版社总编辑张晓敏先生商谈此事时，大家都意识到，敦煌艺术作为中国传统艺术的重要组成部分，越来越受到关注，《敦煌艺术大辞典》的编纂，势在必行。

很快，我们就成立了编委会，开始了编撰工作。我以为，有《敦煌学大辞典》的珠玉在前，再进行扩充、改写或重写，应该不太困难。但是由于敦煌艺术的体系庞大，工作量极大，且随着学术研究的不断发展，很多以前收入《敦煌学大辞典》的条目都不同程度地存在问题，大部分旧词条的作者或年事已高，或已故去，不得不再另请学者修改或重写。工作繁复琐屑，我们的编撰时断时续，竟延续了十多年。在这期间，有些最初参与写作和修改的作者都已去世，令人无限伤感。

辞典是工具书，需严谨准确，作者必须对词条涉及的内容有所研究，才有可能写出正确的释文。因此，尽管是几百字甚至只有几十个字，也必须字字斟酌，反复考量。有时，写几个词条所花费的时间与精力，不亚于写一篇论文。饶是如此琐屑，参与辞典编纂的先生们却依然非常认真。年届九旬的建筑史专家孙儒僴先生，对他的词条反复琢磨修改，还一一配上他绘制的线描图。在"莫高窟第172窟城楼图"中，不仅建筑的飞檐、斗拱、窗牖、廊道一一可见，四名正在站岗的守备也栩栩如生。"莫高窟第237窟单层木塔图"中，塔的雕饰、佛像的手势都清晰可辨。

考古学家刘玉权先生增补的一批词条，用工整的钢笔字誊抄在标准稿纸上。泛黄的稿纸，仔细记录着老先生的研究心得。只需略作阅读，就可感受到他简素文字里沉潜多年的功底："窟顶藏密样式的金刚曼荼罗图像，其明王头大、腿短而身长，球状眼睛、咧齿，作愤怒像，

《敦煌艺术大辞典》书影

奉无量寿佛降魔。从内容到形式均系典型藏密绘画风格。"

每每看到这些老先生的文稿，我就生出由衷的敬意。

当这本厚达715页的辞典终于付梓时，我将它拿在手上，感受它沉甸甸的分量，不禁感慨万千：这不是一本普通的辞典，而是敦煌艺术研究几十年历程的见证，是几代敦煌艺术研究者毕生之研究精华的汇总。我希望，当读者拿起这本辞典时，能够感知中国古代即拥有如此宏大、如此精美的艺术，能通过敦煌艺术进而知悉中华优秀传统文化的精髓。

千年神采

敦煌莫高窟始建于公元366年，其后陆续营建了大量的佛教洞窟，从4—14世纪，延续了千年之久，至今保存了壁画45000平方米、彩塑2000多身、唐宋木构窟檐5座。

《敦煌艺术大辞典》，则力图汇总敦煌艺术各个领域各个方面历年的研究成果，展现敦煌艺术千年的神采。

全书收录28类近3000个词条，含1000余幅图片，约140万字，集纳了敦煌石窟（包括建筑、彩塑、壁画）、敦煌历史遗迹遗物以及石窟考古与艺术研究领域学术词语和专业知识、历史人物、著作等方方面面的内容。以艺术词汇为例，收录了佛教、历史、考古、建筑、绘画、雕塑、音乐、舞蹈、服饰、装饰、书法、篆刻等领域词条。书里甚至还有古代天文学、农学、化学、军事等方面的词条，可谓百川汇流、万象包罗。

在编纂词条时，我们尤为注重的是体现最新研究成果。

此处，可列举一二。

　　莫高窟北区洞窟，不同于南区洞窟。南区洞窟以大量精美的塑像、壁画为主，北区洞窟则少有塑像和壁画。通过20世纪80—90年代的考古发掘发现，北区石窟主要是禅窟、僧房窟、廪窟、瘗窟等，是古代僧人修行、生活起居及埋葬死者的洞窟。除弄清了北区洞窟真正的功能和性质外，此次考古还发现了大量珍贵遗物，有多种语言文字的古代文献，如汉文《杂阿含经》、叙利亚文《圣经》文选、藏文令旨、西夏文活字文献《诸密咒要语》、回鹘文文献《阿毗达摩俱舍论实义疏》、八思巴文《善说宝藏》、蒙古文对汉语音译文书等，还有泥质佛塔、木雕像、纸画、绢帛织物、景教铜十字架、蓝宝石金刚杵、铜八角器、梵文和八思巴文印章等，对研究我国古代民族融合和历史，以及古代中外交往和东西方文化交流具有非常重要的价值。

　　北区考古发掘在20世纪末才结束，大量重要资料虽在2004年出版的考古报告中公布，但一般读者不一定会读大部头的学术著作。本辞典收录了数十条北区洞窟及出土文物的词条，有助于读者了解莫高窟的全貌。

　　另外，敦煌艺术由于涉及学科极为广泛，内容十分复杂，有的内容以前作了定名，但随着研究的深入，取得了新成果，推翻了前人的定论。如这本辞典中关于莫高窟第321窟南壁的壁画，在1998年出版的《敦煌学大辞典》中定名为"宝雨经变"，后来经学者研究，这铺经变应为"十轮经变"，《敦煌艺术大辞典》就采用了"十轮经变"的说法。当然，对于一些学术界仍存争议的内容，我们采取谨慎的态度，如果不能证明前人的结论是错误的，那么仍然保持学术界长期形成的看法。

辞典由敦煌研究院名誉院长樊锦诗任主编，院长赵声良为副主编，敦煌研究院及国内敦煌学界七十余位学者共同撰写完成。

为了保证解释的权威性，每一类词条，都由这方面的权威专家来撰写。大量石窟艺术词条，由老一辈敦煌研究专家段文杰、史苇湘、孙儒僩、万庚育、施萍婷等先生撰写；石窟考古类词条，由樊锦诗、贺世哲、孙修身等先生撰写；历史类词条，大部分由李正宇、郝春文、荣新江、陈国灿等先生撰写；音乐舞蹈类词条，由王克芬、郑汝中、董锡玖等学者撰写。除了老一辈学者外，近二十年来活跃在学术界的专家如王惠民、赵声良以及敦煌学研究新秀张小刚、赵晓星、孔令梅等学者，都承担了部分词条的撰写。而莫高窟北区考古发现的新内容，则由主持莫高窟北区考古工作的彭金章先生和参与此项考古工作的王建军撰写。

由于这本辞典的编撰，进行了十多年，因此，这项工作是由几代敦煌学者共同完成的。如果从年龄结构来看，我们的作者队伍，既有出生于20世纪初的耄耋长者，又有各年代出生的学术中坚，也不乏20世纪80年代出生的新秀。

作为艺术大辞典，这本辞典改变了过去辞书以文字为主、图片较少较小的状况，照片全彩印刷，特别是重要的壁画、彩塑作品，往往以通栏甚至整版印制。此外，还辅以很多线描图，把敦煌壁画的很多细部，清晰地展示出来。1000多幅图片，使辞典具有较强的艺术展示功能，利于敦煌艺术爱好者欣赏和学习。

学无止境。以敦煌艺术这样庞大的体系来说，不论是历史、考古，还是艺术等各方面，都仍然需要进行深入的挖掘和研究。因此，本辞典难免会出现疏漏或错误之处。

然而无论如何，辞典历尽艰辛，终得出版。它是我们几代学人，献给敦煌的一份敬意和深情。

（原载《光明日报》 2021年01月09日12版）

我和敦煌山水画

——写在《敦煌山水画史》出版之际

老家云南昭通是山水优美的地方。虽说是在城里长大，但昭通城四面环山，我从小就喜欢穿梭于山水之间。中学时跟随画家吴希龄老先生学习国画山水，从宣纸上的一石、一树、一水、一亭之间，感悟国画山水的奇妙。于是，不论是自然山水还是画中山水，便时时牵动着我的思绪。

大学毕业就到了敦煌，每天徜徉于古代壁画的海洋中，在段文杰、史苇湘等老先生的熏陶下，我一边研读前人的论著，一边调查壁画。在最初的壁画调查中，引起我注意的就是山水画。我发现，在敦煌壁画中所看到的山水画与我过去学过的那种国画山水完全不同，以前熟悉的那种水墨的浓、淡、干、湿，笔法的点、染、皴、擦的山水画似乎与眼前的壁画毫不相干。可是，敦煌壁画中隋唐或者五代的青绿山水，又强烈地体现着中国传统山水画的精神。那么，敦煌的山水是怎样一种风格？体现怎样一种精神？与传世的山水画又有着怎样的关系呢？这一系列问题不断萦绕于心间，便促使我开始研究敦煌壁画中的山山水水。

山水画是中国传统绘画的重要方面，自魏晋南北朝山水画兴起，经历了隋唐，及至宋元，如范宽、郭熙、马远、夏圭等著名画家，基本上都以山水见长。但由于各种原因，我们今天所能见到的那些古代名家的山水画大概都是五代以后的作品，唐代或唐以前的山水画几乎没有保存下来。如传为展子虔的《游春图》，已被证明是后人所摹。因此我们无法得知魏晋至唐代山水画的详情。但在古代文献的记载中，我们知道从东晋的顾恺之、南朝的宗炳、王微，唐朝的吴道子、李思训等著名画家，都擅长画山水。

通过研究，我们知道隋唐那些著名画家的作品多绘于墙壁上，如阎立本、吴道子、李思训等画家，往往于殿堂（或寺观）壁画中留下其代表之作。而宋元时代的著名画家基本上不在寺院作壁画，他们的作品基本上是纸本或绢本，也就是所谓卷轴画。由于材质的差异，在画法上有了巨大的变化。隋唐壁画那种厚重的颜料，在纸本绢本绘画中使用较少，而水墨的技法却因为纸、绢材料的优势而得以迅猛发展，且卷轴画便于携带和保存，故能大量保存下来。宋朝以后直至明清，水墨画成了山水画的主流，即使有个别画家仍然画青绿山水，但其实与唐朝的青绿山水已完全不同。

山水画由青绿重色向水墨发展变化不仅仅改变了技法，而且改变了审美趣味。唐朝朱景玄《唐朝名画录》中盛赞李思训，称他为"国朝山水第一"。张彦远在《历代名画记》中虽然也赞许王维等画家所画水墨山水，但他最推崇的仍是以李思训为代表的青绿山水。在讲到有关水墨的画法时，张彦远道一句"如山水家有泼墨，亦不谓之画"。可见当时的人并不太认可水墨画。到了五代，荆浩的《笔法记》中只讲水墨画，他所推崇的唐朝山水画家只有张藻，认为张画"笔墨积微，真思卓然，不具五彩，旷古绝今，未之有也"。宋代郭若虚《图画见闻志》中谈到山水画时写道："画山水唯营丘李成、长安关同、华原范宽智妙入神，才高出类，三家鼎峙，百代标程。前古虽有传世可见者，如王维、李思训、荆浩之伦，岂能方驾近代。"从以上这些评论来看，从唐代到宋代对山水画的看法（或者说审美观念）经历了一个较大的转折。唐朝人还是喜欢青绿重色的山水画，尽管唐代后期已经出现了水墨山水画，但并不受重视。到了五代，画家们更推崇水墨山水画。而到宋代，世人就不再把唐朝那些山水画家放在眼里了，因为这个时期不仅山水画完全以水墨为主，而且像李成、范宽这样的画家创作出了许多重要作品。可以说，树立起了水墨画的笔墨体系，并使水墨山水的审美体系逐步完善了。而隋唐时代那些壁画山水也逐渐随着寺院、殿堂的湮没而消失，隋唐的青绿山水便不再被后人所知。

当认识到五代北宋山水画的变迁历程，我更深刻地感觉到由于中国山水画在五代北宋以后沿着水墨画的道路前行，而逐步忘却了隋唐时代曾经普遍流行的青绿山水这个体系，以及相关联的唐朝绘画的审美精神。直到今天，当人们用宋朝以后的绘画观念来看敦煌唐代壁画时，已不太容易读懂这些精美的画作了。没有魏晋南北朝至隋唐的山水画，中国山水画史是不完整的，而魏晋南北朝至隋唐的山水画，除了敦煌，在别的地方恐怕很难看到。因此，研究敦煌山水画就显得尤为重要。

在敦煌壁画中，山水是人物的背景、故事的点缀，始终没有独立意义的山水画。但各时期壁画中都曾有一些颇具规模的山水图景，虽然其主题仍然是佛教的内容，但在这些山水景致中，我们可以看出古代画家们对山水自然的热爱，对山水艺术的一往情深。

魏晋南北朝是中国山水画产生并蓬勃发展的时期，著名画家顾恺之就画过云台山的风景，南朝宗炳、王微等皆擅长画山水，并留下了山水画理论著述。但这些名家的山水画却没有保存下来。我在莫高窟第285窟（538—539）的壁画中品味南北朝的山水画风貌时，常常被震撼。此窟在窟顶四披的下沿表现山中修行的禅僧，禅僧所在的草庵外是起伏的山峦和树林，山中还有走兽出没。树木茂密，叶子连成一片，罩在山峦顶部的丛林上，具有浓厚的装饰意味。同窟南壁五

莫高窟第285窟山水　西魏

百强盗成佛故事画中描绘出强盗们在山林中活动及皈依佛门的情节。画家用斜向排列的山峦分隔出一个个空间，表现各个场次，同时斜向的山峦表现出了一定的深度。壁画中不同种类的树木大量出现：摇曳多姿的杨柳，亭亭玉立的竹林，以及很多不知名的树木，使山水景物变得丰富多彩。在山峦和树林的旁边还画出水池，池中碧波荡漾，水鸟嬉戏其间，别有情趣。画面的完备性特别是山水表现的技

莫高窟第320窟山水　盛唐

法还无法跟宋元山水画相比，但在人物场景中十分别致的山水树木，彻底改变了早期壁画那种西域风格，画面中透出一种浓浓的中国文人气息，也许这正是魏晋时期画家们所追求的山水意境。

　　唐前期，由于阎立本、李思训这样身居高位的大画家都到寺院中画壁画，自然对寺院壁画的发展起到很大的促进作用，而李思训等画家擅长的青绿山水画风格在石窟、寺院壁画中得到广泛的传播。传说唐明皇曾让李思训在大同殿画山水壁画，后来明皇跟李思训说："你画的山水，我在夜间听

莫高窟第103窟南壁山水　盛唐

到了水声。"虽说只是传说，但恐怕还是因为李思训的山水画画得十分生动，让人仿佛可以听到水流之声。我也曾在莫高窟第217窟、第103窟、第172窟等盛唐洞窟的壁画中体会李思训青绿山水的风格，深深感到唐代画家们创作的山水有着无穷的魅力。画家们对色彩的运用十分娴熟，除了山峦以青绿色为主，可以看出明暗和远近关系，而且往往画出完整的天空、彩云、夕阳等。这些都是唐以后山水画中渐渐失传的画法。对水的表现，不论是山间的瀑布、泉水，池水的涟漪、河水的微波，都十分写实，特别是在莫高窟第172窟山水画中，我们可以看到河流由远及近的纵深感，以及近景水面形成的波光粼粼的效果。这些彩云、夕照、波光，不正反映了中国唐朝山水画对大自然间光与影的追求和表现吗？西方绘画对光影的表现，恐怕要到19世纪印象派产生的时候。于是我突然意识到，唐代山水画真不可思议。

随着唐代后期中原山水画艺术的发展变化，带有水墨画意味的山水也出现在石窟之中。于是，敦煌壁画中的山水画也产生了一系列变化。唐代画史上著录的山水画家多数没有留下真迹，而从敦煌壁画中正可以看出唐代的山水之变。

从1987年开始，我陆续发表了几篇有关敦煌山水画的论文。那时也曾想，汇集这上千年历史中的山水壁画材料，可以较为系统地反映中国山水画的艺术变迁，应该写一部《敦煌山水画史》，以补充中国古代绘画史。但由于各种事务影响，这一想法一直未能实现。

1996年，我到日本东京艺术大学做访问学者，感到日本学者在绘画史研究方面有很多值得学习的地方，于是在两年访学结束时，考入了成城大学，跟随东山健吾先生学习美术史，先后攻读硕士和博士学位。到博士二年级时，东山健吾先生退休，他推荐佐野绿先生担任我的导师。在佐野先生的悉心指导下，我严格按照日本式的样式分析方法，对敦煌壁画中北朝、唐朝和西夏的一些山水画典型案例深入剖析，加深了对敦煌山水画技法、样式和风格的认识。此后，从文化历史背景中探讨山水画演变的成因，完成了博士论文《敦煌壁画风景研究》。这是我在学术上的一个转折点，我渐渐领悟了敦煌在中国美术史上的重要地位。2003年回国后，我开始计划对敦煌石窟作全面的美术史研究。但这项工作的艰巨性远远超出了当时的预想，作为《敦煌石窟美术史》的第一部，仅十六国北朝时期的美术史研究，我就花了近十年，其后对隋朝石窟美术史的研究也用了十年。有朋友建议我先出一本简史，让读者简要了解敦煌石窟美术的全貌，于是我写了《敦煌石窟艺术简史》，这可以算作敦煌石窟美术史的一个纲要。

《敦煌壁画风景研究》再版封面

《敦煌山水画史》封面

在我不断思考敦煌石窟美术史的研究时，又一个契机使我回到了山水画的问题上，两年前中华书局的编辑朱玲热心向我约稿。我与中华书局颇有渊源：1988年我曾受敦煌研究院派遣到中华书局《文史知识》编辑部实习，在柴剑虹老师的指导下学习期刊编辑业务，在中华书局半年的学习使我受益匪浅，对于我后来主持《敦煌研究》期刊工作起到了重要的作用。我从日本博士毕业回国时，在柴剑虹等先生的支持下，我的博士论文《敦煌壁画风景研究》被列入华林博士文库，于2005年在中华书局出版了。那以来十多年过去了，《敦煌壁画风景研究》一书早已脱销。也曾有别的出版社找我商谈出版之事，虽说已过了合同期，但我总觉得这本学术著作还是在中华书局出版比较合适。

想到这本书，又唤醒了我三十年前的梦想：我应该写出《敦煌山水画史》了。于是就与朱玲女士商量，一是把《敦煌壁画风景研究》修订再版，二是写出《敦煌山水画史》。两本书其一是从敦煌壁画的山水案例出发，分析绘画的样式与风格特征，其二则沿历史的线索，全面展示敦煌山水画的发展轨迹，两书相辅相成。在朱玲女士不懈的支持下，两本书顺利付梓。

三十多年来对敦煌山水画的探讨，似乎在印证这样一个过程：刚到敦煌之时，看山是山，看水是水；后来渐渐开始了调查研究，于是看山不是山，看水不是水；如今重新审视那些熟悉的壁画，看山还是山，看水还是水。这样看来，《敦煌山水画史》此时才完成并出版，并不算晚。

（原载《光明日报》2022年11月12日）

后　记

　　本书收集了我近年的一些随笔、杂谈之类的文章，大体有三个方面的内容。第一个方面，是跟敦煌相关的。我在敦煌工作了40年，我的工作、我的生活都与敦煌石窟、敦煌艺术、敦煌学完全联系在一起了，不论是写文章还是聊天，总免不了要说敦煌，可以说"三句话不离敦煌"。在我所接触的人中，与敦煌有密切关系的，往往会促使我写文章记录下来。《莫高窟人与"莫高精神"》就是集中地介绍莫高窟人的文章。此外，还写了一些关于敦煌研究院的樊锦诗、郑汝中、关友惠、孙儒僴，以及一些与敦煌密切相关的国内外学者和友好人士，如姜亮夫、韩乐然、池田温、方闻、吉耶斯等先生的记录。有的是未曾谋面的前辈，因为他们的学问、著作或者艺术作品，给予我启迪；有的则因各种机缘得以认识和交流，甚至还能在学习和工作等方面得到前辈们的关怀和支持。香港纪文凤女士长期支持敦煌的事业、促进香港和内地的交流。这些都是敦煌之缘，令人终生难忘和感恩。

　　第二个方面是与语言文字相关的。我是中文系出身的，对于古代汉语有着特别的兴趣，虽然研究方向重点在于艺术史，但也常常在思考与语言文字相关的问题。这些思考的文字可能是十分浅薄的，但用来闲谈，或可供一哂。偶然关注现代汉语的变化，感到从繁体字到简化字是一个巨大的变革，对于这个变革，有人赞同有人反对。我觉得有的人对简化字抱有偏见，是因为不明白汉字发展的一些历史规律，尤其不了解汉字简化是经过了20世纪数十年中国学者们共同努力的结果，因此撰写了《繁体字与简化字》一文。而其他的数篇文章，则是对一些具体文字的读法作些探讨。包括由文字而对历史文化中一些问题的探讨。所以这一部分题为"咬文嚼字"。当然这其中一定还存在说理不够严谨的地方，自知错误难免，然敝帚自珍，也把这些文字收入集中。

第三部分题为"读书、编书、写书"，内容也比较杂。读书是我的一大爱好，读着读着偶尔也会写一点感想，这些感想当然是随性的，这里只是选了几篇觉得还可以的读书笔记，与读者分享。另外一些文章记录了编书和写书（包括译书）的事情。我做了30多年的编辑，深知编辑之不易，《敦煌艺术大辞典》是耗时10年的大工程，出版之后，产生了较为广泛的社会反响，2021年获得了"中国出版政府奖"的提名奖。这本书的出版很费周折，但在这个过程中，很多作者（包括老、中、青几代人），他们对学术的认真严谨的精神一直在感染着我，使我感受到自己能够参与这本书的编辑是最大的幸福。我自己也常常在写书，本书也收集了近年来已出版的书中前言、后记之类文章，也可算是写书过程中的一点感悟吧。《敦煌山水画史》出版时，我写了一篇文章，讲到我最初到敦煌工作时，就曾想过要写一本《敦煌山水画史》，没想到经过了30多年才完成，而这样一个过程，似乎也见证了：由"看山是山，看水是水"，发展到"看山不是山，看水不是水"，最后，又终于回归到"看山还是山，看水还是水"的历程。我在敦煌的40年的历程又何尝不是这样。

这本书拉拉杂杂竟也汇集了近40篇文章，有讲故事，有讲历史，有讲艺术，有讲文字……可以说内容驳杂，因取名《瀚海杂谈》。需要说明的是，本书所收的文章有不少曾在报刊发表，在收入本书时都进行了不同程度的修改。完稿之时，适逢世界读书日，不胜感慨。书籍已成为我生命的一部分，读书、编书、写书，贯穿在我生命的历程中。感谢刘进宝先生把这本书列入"雅学堂丛书"！本书有关敦煌石窟壁画以及敦煌研究院前辈的老照片，由敦煌研究院提供。《怀念郑汝中先生》一文中有关郑汝中先生的照片，由台建群老师提供。《天籁之声》一文的照片由纪文凤女士提供。在此表示衷心的感谢！

赵声良

2024年4月23日